成功に
導く！

創業支援マニュアル

―事業計画・資金調達・各種手続きと事例

公認会計士・税理士・中小企業診断士
森 隆夫 著

ビジネス教育出版社

改訂版

改訂のことば

　前回の出版から5年が過ぎましたが、その間、新型コロナウイルス感染症の流行という未曽有の災害に直面するなどさまざまな出来事がありました。

　今、ようやくその終息を迎え経済も復調しつつありますが、在宅ワークの定着などによる働き方の多様化や、消費者意識の変化、人手不足、燃料・原材料価格の上昇に伴う物価の高騰、デジタル化への対応など、経済環境は急激に変化しつつあります。また、税法や労働関係法規、補助金・助成金などは毎年改正が行われ、創業支援においても対応は必須です。

　令和5年10月から施行されたインボイス制度は、消費税免税を実質的になくすことにもつながり、創業時の資金繰りに直結します。また創業後においても、インボイスの保存要件を満たさないと税負担増になるため、令和5年12月で宥恕措置が終了した電子取引のデータ保存の制度とともに事務処理の負担についても配慮が必要です。

　また、労働関係法規では最低賃金の上昇、時間外労働の上限規制の猶予期間の終了に伴う2024年問題、パート・アルバイト等の社会保険加入義務の適用拡大など、創業者にとっては対応しなければならない改正が行われました。

　今回、これらの変化や改正をできる限り反映させ、また3つの事例を追加して、改訂版を発刊することとなりました。

　本書が、これから創業をお考えの方、また、創業支援を行っている方への一助となれば幸いでございます。

　末筆になりますが、改訂版の発刊という貴重な機会をいただきました㈱ビジネス教育出版社様、ご担当いただきました山下日出之様に深く感謝申し上げます。

　令和6年1月

　　　　　　　　　　　　　　　　　　　　　　森　　隆夫

はしがき

　平成も間もなく終わろうとしていますが、昭和の高度成長期、あるいは昭和から平成にかけてのバブル期などでは、社会は創業の意欲に満ちていました。

　しかし、バブル崩壊後は、創業者数も減少の一途をたどり続けています。

　創業と言えば聞こえは良いですが、厳しい経済状況のなか、リスクを抱えるよりは安定を求めるのも致し方ないことなのかもしれません。

　廃業する者がいる以上、創業する者が増えなければ、経済は衰退してしまうでしょう。そこで、国の政策などでも、日本の経済を立て直すためには、創業者を増やし活力のある社会にしなければならないと、盛んに謳われてはいますが、現実は厳しい状況が続いています。

　人々が創業に踏み切れない背景にはさまざまな要因があると思われますが、創業者に対する情報提供の不足もその一つと考えられます。漠然としたアイディアがあっても、それを事業化するには、さまざまな専門知識などの情報が必要です。特に創業に伴うリスクやその低減方法などの情報がなければ、とても創業には踏み切れないでしょう。

　実は私自身も、20代のころ飲食店を経営しており、今の会計事務所とあわせると、2回創業しています。特に最初の創業時には、若く知識も経験も乏しかった私に、さまざまなアドバイスをして下さる先輩方がたくさんおられましたが、必ずしもありがたいご指導ばかりではなく、今思えば、無責任ないわゆる怪情報？　も多かったような気がします。

　「借金はできるときにしておけ」「税金は半分も払っておけば十分」などもその1つです。

　根拠のない怪情報に惑わされると、回り道をするばかりか、経営者として取り返しのつかない重大な過ちを犯すことにもなりかねません。

　私が今の仕事を志したのは、かつての自分のような、迷える経営者のために少しでも力になりたいと思ったからです。

創業やその後の経営のための正しい情報の提供はとても大切で、ここに創業支援を行う者の役割があります。

　創業支援、経営支援を行う者にとって、専門知識の蓄積は欠かせませんが、なによりも、実際の創業の現場で創業者と接し、創業に少しでも関わることが大切だと思います。

　本書では、創業のために知っておくべき事業計画書の作成方法や資金調達、各種手続きなどを中心に記載しましたが、今まで創業者と接し関わってきたなかで特に心に残ったことや自身の経験も、コラムとして僭越ではありますが、少しばかり私見も含めて記載させていただきました。

　経験上、創業支援は教科書通りにはいかないことが少なからずあり、難しいと感じることも多々ありますが、創業者の言葉に良く耳を傾け、決して自己満足に陥ることなく、常に謙虚な姿勢で支援に取り組めば、きっと創業者のためになる支援ができると信じています。

　末筆になりますが、執筆するにあたりご協力をいただいた出版社の方々、日頃からお世話になっている弁護士、社会保険労務士、司法書士、中小企業診断士等の専門家の方々からは、原稿についての貴重なご意見をいただくことができ、感謝いたしております。

　この本が、創業しようとされている方々、および、創業支援を行っている方々にとって、少しでもお役に立てれば幸いです。

　平成31年3月

森　　隆夫

目　次

第 1 章　創業支援の担い手

第 2 章　融資を引き出す創業計画

第5章 創業に必要な届出・手続きをめぐるキホンと支援

第6章 事業の永続に向けて〜事業承継から第2創業へ

第 7 章　事例で学ぶ創業支援

Column

第1章

創業支援の担い手

I 最近の創業支援の状況

◆創業者数の減少

2023年版の中小企業白書によると、我が国の開業率は、1988年度をピークとして低下傾向に転じた後、2000年代を通じて緩やかな上昇傾向で推移してきましたが、2018年度に再び低下に転じ、2021年度では4.4％になっています。

国際的にみても、日本における開業率は、欧米諸国に比べ低い数値となっており、中でも英国やフランスの11％前後に比べて低い結果となっています。

◆国および地方自治体の取組み

こうした状況を打開するために、国としても、平成25年6月に閣議決定された「日本再興戦略」において、産業の新陳代謝を促進し経済を活性化させるため、開業率が廃業率を上回るようにし、また、開・廃業率が米国・英国レベル（10％台）になることを目指すとしています。

また、地方自治体においても、こうした国を挙げての目標の実現に向けて、平成26年1月に地域の創業を促進するために、「産業競争力強化法」が施行されました。これにより、市区町村が民間事業者である創業支援事業者（地域金融機関、NPO法人、商工会議所・商工会等）と連携し、ワンストップ相談窓口の設置、創業セミナーの開催、コワーキング事業等の創業支援を実施する創業支援計画を作成し、国が認定を行うこととしています。

平成30年7月に施行された「改正産業競争力強化法」では、開業率のさらなる向上を目指し、現行の創業支援事業の概念を拡大させ、創業に関する普及啓発を行う事業（創業機運醸成事業）も含めることとしています。これは創業を行う事業者の支援のみならず、一般の人の中から創業しようという人を増やしていこうという試みで、地域経済の活性化のために、国としても創業支援を重視していることを表しています。

　令和4年11月には、政府はスタートアップ育成5か年計画を発出しました。これにより、人材・ネットワークの構築、資金供給の強化と出口戦略の多様化、オープンイノベーションの推進等のための改革を通し、スタートアップ企業を育成、支援するとしています。

　このように、近年にかけて国および地方自治体は、民間事業者とも連携しながら、創業支援を行う取組みに力を入れてきており、今後、日頃から地域と寄り添う存在である、金融機関等の民間事業者の役割がより増してくると考えられます。

II 創業支援の重要性

◆「知識の補完」「資金調達」が創業にあたっての重要な課題

　2023年版中小企業白書によれば、起業の準備段階で生じた課題を経営者の年代別に調べた結果、すべての年齢層において最も割合が多い課題は「事業に必要な専門知識、経営に関する知識・ノウハウが不足していた」ことで、次いで「資金調達の方法の目途がつかなかった」となっています。また、「事業計画の策定方法がわからなかった」ことも各年代で上位に入っており創業期における専門知識の補完の必要性および資金調達の困難さが伺える結果となっています。

　創業支援を行う者には、これらの創業者にとっての課題を解消するための支援を行うことが求められています。

◆金融機関等の創業支援事業者の役割

　創業するために最も重要なことは、創業する事業の売上に直結する商品やサービスに関する新しい発想、アイディアなどであることは間違いないところです。しかし、これらの発想やアイディアを生かし、創業を実現するためには、財務計画を含めた具体的な事業計画が必要となり、事業計画に基づいた資金調達も行わなければなりません。また、近年の人材確保難のなか、事業に適合する人材を集めなければならず、労務に

関する体制整備も必要となります。

　しかし、これらを行うためにはさまざまな専門知識が必要となり、とても創業者一人でできるものではありません。

　そこに、創業支援の重要性があります。

　金融機関、税理士、中小企業診断士等の民間事業者は、日頃から地域の人々や事業者等と接する機会も多く、身近な存在です。

　これらの民間事業者が、専門家同士互いに連携し、時には国や地方とも連携して創業支援を行っていくことが大切です。

　また、経済環境の変化が著しい昨今においては、開業後においても事業継続のためには、さまざまなサポートが必要となります。

III 認定支援機関の意義と役割

◆経営支援の専門家として国が認定した機関

　認定支援機関とは「認定経営革新等支援機関」の略称で、「中小企業等経営強化法」に基づき、中小企業の経営支援を行うため、一定以上の専門的知識や実務経験を有する者として、国が認定した機関です。

　日頃中小企業の経営者とのかかわりの多い金融機関、公認会計士、税理士、中小企業診断士などが、実務における知識と経験を生かして中小企業を支援する目的で認定を受けています。

　なお、認定の要件は以下の通りです。

＜認定の要件＞（中小企業庁ホームページより一部抜粋）

　（1）税務、金融および企業の財務に関する専門的な知識を有していること

　（イ）士業法や金融機関の個別業法において、税務、金融および企業の財務に関する専門的知識が求められる国家資格や業の免許・認可を有すること（税理士法人、税理士、弁護士法人、弁護士、監査法人、公認会計士、中小企業診断士、金融機関のみ本号に該当）

　（ロ）「中小企業等経営強化法」等に基づいて、中小企業者等が「経営

革新計画」、「異分野連携新事業分野開拓計画」等の策定を行う際、主たる支援者として関与した後、当該計画の認定を3件以上受けていること。

　　（ハ）（イ）や（ロ）と同等以上の能力を有していること

　（2）中小企業・小規模事業者に対する支援に関し、法定業務に係る1年以上の実務経験を含む3年以上の実務経験を有していること、または同等以上の能力を有していること

　（3）法人である場合にあっては、その行おうとする法定業務を長期間にわたり継続的に実施するために必要な組織体制（管理組織、人的配置等）および事業基盤（財務状況の健全性、窓口となる拠点、適切な運営の確保等）を有していること。個人である場合にあっては、その行おうとする法定業務を長期間にわたり継続的に実施するために必要な事業基盤（財務状況の健全性、窓口となる拠点、適切な運営の確保等）を有していること。

　（4）法第32条各号に規定される欠格条項のいずれにも該当しないこと

◆中小企業の経営支援がその役割

　認定支援機関は、中小企業の財務状況等の経営の状況に関する調査・分析、事業計画の策定および実行支援、信頼性のある計算書類等の作成および活用支援などを行うほか、中小企業支援施策と連携して補助金や融資制度、税制の特例などを活用するための支援も行っています（P84参照）。

　なお、経済産業省のミラサポPLUS（中小企業向け補助金支援サイト）には、認定支援機関を利用するメリットとして、以下の例が挙げられています。

　　メリット1　信用保証協会の保証料が減額される

　　メリット2　さまざまな補助金が申請できるようになる

　　メリット3　事業計画の策定支援で、対応策が明確になる

　　メリット4　海外展開のための資金調達がしやすくなる

◆創業支援、経営支援の担い手として

　金融機関、公認会計士、税理士、中小企業診断士など中小企業と関わりが深い事業者は経営者との信頼関係も築きやすく、また決算書などの経営情報も入手することができる立場にあるため、支援者として最適です。

　今後、認定支援機関として登録することにより、中小企業の支援の担い手としての役割が求められています。

　本書では、以下、創業計画の策定から資金調達、組織の決定、税務会計や社会保険関連など、創業支援に必要な知識について解説した上で、実際の創業事例についても取り上げます。

第2章

融資を引き出す創業計画

I 創業計画書の重要性

◆ 「創業者の思い」の実現に向けて

　創業計画書は、創業の動機となる「創業者の思い」を文書化し、その思いを達成するための手段を整理したものであり、創業を実現させる上では欠かすことのできないものです。

　特に「なぜ」創業しようと思い立ったかという創業の目的および動機についてはきちんと整理しておく必要があります。

　創業した後には、多くの競合と対峙していかなければなりません。目的や動機がはっきりしないままの創業では、金融機関等に対する説得力が不足するばかりでなく、厳しい状況に直面した時にそれを跳ね返す力が発揮できず、せっかく創業しても事業継続が困難になることもあるかもしれません。

　計画書の作成段階で、創業の目的や動機をはじめとした「創業者の思い」を改めて整理しておきましょう。

◆ 「根拠」に裏付けされた事業計画書

　創業計画書は融資の際などの審査資料にもなり、企業外部の関係者にも提示することがあるため、形式上の体裁も整っている必要がありますが、それだけでは足りません。

　表向き専門用語がちりばめられた、量の多い立派に見える創業計画書を見かけますが、いくら形式上立派な創業計画書があるからといって、実際の事業が成功するわけではありません。

　重要なのは、創業目的や動機、創業者の持つ「強み」、そしてその事業の商品やサービス等が競合他社の商品等に比べどのような点で優れているかという差別化要因とターゲットとして想定する顧客層に「なぜ」受け入れられると思うのかという根拠等、実現可能性に対する説得力です。

　そのスタートラインが曖昧ではその後の販売計画や財務計画、資金計画などをいくら考えても根拠のない、意味をなさない計画となってしま

います。

　創業計画書は、創業者にとっての道標になるのみならず、資金調達の際には、外部の投資家等へ提示するものでもあるため、その実現可能性について、説得力のあるものであることが大切です。

◆創業計画書の作成支援

　創業にとって欠かすことのできない創業計画書ですが、創業者のさまざまな思いがあっても、実際にそれを計画書としてまとめることは容易ではありません。

　そこで、創業支援を行う事業者等が、「なぜ、その事業を行おうと思ったのか」という創業動機の部分や、「新事業に生かすべき創業者の強みは何か」、また、「製品・サービスはどのような点で優れているのか」ということなどについて問いかけを行い、創業計画書として文書化することの支援を行います。

　こうしたことを通して、**創業者自身の考えを整理するきっかけを与えることは、金融機関をはじめとした創業支援を行う者にとって、大切な役割**です。

　経営者の過去の経験、人脈、所有資金、実績、製品またはサービスの特徴および市場ニーズへの適合性など、創業者の持つ強みに基づいた、根拠づけをしっかり行った事業計画の作成を支援していく必要があります。

　次節以降では、その具体的方法について解説します。

II 事業概要の検討

◆「創業者の思い」を事業概要として整理し、具体化する

創業にあたっては、創業者の思いを実現するための事業の概要を創業計画の中で整理していきますが、創業計画を作成する手順やその発想の順番が決まっているわけではありません。

思い描いてきたある特定の商品がきっかけとなって創業する場合もあれば、過去の取引先や勤務先、親戚や知人等の築いてきた人脈があることがきっかけとなり、その人脈をターゲットとした製品やサービスを考える場合もあります。

創業する分野も、実務経験のある分野の場合もあれば、まったくの異業種の分野で創業する場合もあるでしょう。

創業のパターンはさまざまであり、創業計画書の様式も決められているわけではありません。形式を重視するあまり、計画書作成に時間をかけ過ぎてビジネスチャンスを逃すことのないよう、まずは大まかに考えるという心づもりで進めましょう。

1 創業の動機、企業理念の明確化

◆創業動機を整理する

創業を志す以上、そのきっかけとなった創業の目的や動機があるはずですが、思っているだけでなく、文書としてまとめておきます。

創業動機は経営理念へとつながり、事業継続をしていく上での基盤となるだけでなく、創業融資の審査においても重要です。

例えば、開業資金調達の際に利用されることの多い、日本政策金融公庫の創業計画書においても、最初に「創業動機」の項目があります。

文書化する際は、なぜ今この時期に、その商品等により創業しようと思ったのかを、きっかけとなった経験やノウハウ、人脈など、自身の持つ「強み」と関連づけて、できる限り具体的に記載します。

◆企業理念を文書化する

　企業理念とは、企業の活動指針としての基本的な考え方で、経営者や従業員にとって、会社の目指すべき方向性を示すと同時に、顧客や一般消費者等の企業外部の者に対しても、企業の基本的な存在意義を示す効果があります。

　大手企業などにおいても、自社のホームページなどでさまざまな企業理念を開示していますが、創業当初においては、あまり難しく考えすぎず、例えば「安全な食を通して人々の健康に貢献する」、「新しいシステムを開発して人々の生活を便利にする」など、自身の創業動機から導き出します。

　当初は良いフレーズが思いつかなくても、事業計画を検討していく段階で、あるいは事業開始後において少しずつ見直していくうちに、徐々に企業理念としてまとまってくると思います。

② 創業する分野の考え方

◆まずは経験、人脈など自身の強みを生かせる分野を考える

　創業する分野は、大きく分けると、過去の経験やそれに基づく人脈やノウハウを生かせる分野と、まったく未経験の新分野に分けられます。

　一般的には、創業する事業を考える際には、経験等がある分野から考え始めることが多いと思いますが、例えば趣味などに関連して日頃から興味を持っているものがある場合などには、未経験の分野から創業を検討することもあります。

　通常は、まったくの新分野での創業よりも、自身の強みである過去の経験や人脈などを生かした創業の方が成功の可能性が高いため、新しい分野の創業であっても、少しでも自身の経験や人脈を生かせるようなビジネスモデルにするよう、検討します。

　逆に経験のある分野の創業であっても、あまり過去の経験にとらわれて、独自性のない差別化要因の少ない事業になってしまわないように注意します。

	長所	短所
実務経験を生かした創業	●自身の強みである、人・物・情報等の経営資源を活用できる ●経験に基づき、事業計画の信憑性を高めることができる	●業界の慣行やしがらみ、事業に対する固定観念等にとらわれ、自由な発想が阻害され、差別化要因の少ない事業になってしまうことがある
新分野での創業	●既存の発想や常識にとらわれず、独自性の高い斬新なアイディアが生まれる可能性がある	●事業のリスクなどについての想定が難しい ●事業計画の実現可能性についての判断が難しく、資金調達などが困難

③ 事業領域の検討

◆限られた経営資源を有効活用するため、事業領域を検討する

　事業領域（事業ドメイン）とは、「誰に、何を、どのように」提供するか定義することを意味し、ターゲット顧客、提供する商品・サービス、対応するニーズ、競合と比較した自社・自店の優位性等の要素を含みます。

　限られた経営資源を有効に使うためにも、事業の活動領域を明確にします。

① 提供する商品・サービス

◆温めてきたアイディアを商品化する

　創業の動機や企業理念を実現するための商品やサービスを具体化します。例えば飲食店であれば、具体的な材料を含めた商品のメニューを考えます。また調理方法やお客様への提供方法に特徴を持たせるなど、サービスの方法も考えます。

　商品や製品、サービスにはさまざまなものがありますが、売れる商品等となるためには、適正な価格設定と同時に、商品自体の特徴や強みあるいはニーズに合致した配送や接客等の付加サービスが必要であり、商品やサービスのセールスポイントを明確にすることが大切です。

◆**価格を検討する**

　価格の設定方法としては、コストを見積もり必要利益を加えて設定する方法、顧客の商品等に対する需要を考慮して設定する方法、競合商品の価格を意識して設定する方法などがあります。

　一般的には、需要や競合商品の価格を考慮する方法により設定した価格について、材料の原価を見積もり、原価率を算出することによって検証します。

　原価率の設定は、固定費を賄える粗利益を稼得できるものでなければなりませんが、固定費は後述する数値計画により算出するので、ここではあまり細かく考えすぎず、想定される概算の固定費を考慮して検証します。

【**価格設定方法の例**】

コスト志向型価格設定	原価＋利益
需要志向型価格設定	顧客が払うと見込まれる価値が基準
競争志向型価格設定	競合他社の類似製品の価格が基準

②　ターゲット顧客、対応するニーズ

◆**ターゲットを明確にする。創業時はあまり広げない方が良い**

　商品の特徴や価格帯、セールスポイントなどから、想定されるターゲットを考えます。

　一般的に、「人・物・金・情報等」の経営資源に乏しい創業期においては、ターゲットを広げるのは難しく、特定のターゲットに絞り込み、そのターゲットに向けた特徴的な商品やサービスを開発し提供する方が効率的であると言われています。

◆**多様化するニーズへの対応**

　かつての事業は、八百屋、文具店、薬局など、取扱商品に着目して分類された、業種ごとの店舗が主流でした。

　これに対し、近年の多様化する消費者ニーズに対応するために、経営

方針や販売方法により小売店を分類するのが、業態と呼ばれるもので、例えば、24時間営業、年中無休など利便性を訴求したコンビニエンスストアや、低価格を訴求したディスカウントストアなどさまざまな業態があります。

創業にあたっては、ターゲットとする顧客のニーズへの対応という点に着目し、業態などの検討を行います。

③　競合と比較した自社・自店の優位性

◆セールスポイントを文書化する。強みを強調し競合との差別化要因を考える

創業の動機にも関係する部分ですが、自社の商品・サービスの特徴や強み等を強調したセールスポイントを整理します。

例えば、地元に無農薬の品質の良い野菜を生産する友人の経営する農家があり、自社で無添加の食品に加工できる技術と設備を有している場合には「体に優しい○○産無添加○○○」など、自身の人脈や技術等の強みを生かして、競合となるコンビニや大手スーパーにはない差別化要因となる要素を強調します。

商品・サービスの特徴や自社の強みを生かしたセールスポイントを明確にすることは、ターゲットとなる顧客に対し、競合と比較した優位性をアピールする上で重要です。

４　事業コンセプトの決定

◆簡潔な文章で事業概要を表現する

事業コンセプトとは、上記の事業の概要をまとめたものであり、事業の一貫したテーマとなるものです。長々とした文章では、肝心な言いたい部分がぼやけてしまい、外部に対するインパクトが弱くなってしまいますので、簡潔な一文で表現します。

具体的には、事業領域を決定する際に検討した、「何を、誰に、どのようにして売るか」といったことの中から特徴的なものを抽出し、競合他社に対する優位性となるセールスポイントが強調されるように絞り込

んで作成します。

　通常、時間的に余裕のない創業者にとっては、大手企業の専門のライターが作ったような絶妙なフレーズを考えることは容易ではありませんが、まずはあまり考えすぎず、自分の言葉で表現します。

　良い事業コンセプトは、会社や商品等のキャッチフレーズにもなり、取引先や融資審査の際の金融機関に対するアピールポイントにもなりますので、他社の良いコンセプトなどを参考に、少しずつ見直しながら、考えてみると良いでしょう。

⑤　ビジネスモデルの検討

◆ビジネスモデルを具体化し図式化する。融資の際の説明資料としても有効

　企業理念があり、提供する商品やサービス、ターゲットとなる客層などが決まっても、それだけでは事業は開始できません。

　商品仕入れなどの供給ルートがあって、販売後代金を回収し、利益を得るまでの仕組みなどを検討しなければなりません。

　ビジネスモデルとは、これらの商品や資金の流れなど、その事業の仕組みを整理したもので、取引の流れを図式化しておきます。

【ビジネスモデルの簡単な図式化例】

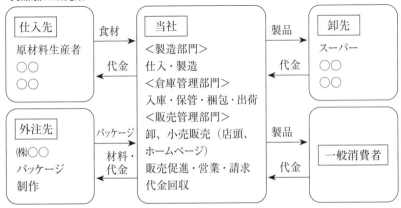

食品加工販売業

※ 例えば、一般消費者への販売の際、ショッピングモール運営会社が運営する
サイトへ出店する場合、信販会社を通した代金決済をする場合などには、上
記の図にショッピングモール運営会社や信販会社を加えるなど、予定する取
引形態にあわせて作成します。

金融機関や取引先への説明資料にもなりますので、誰が見ても理解で
きるよう、簡潔に作成しましょう。

⑥ SWOT分析等による検証

◆差別化戦略の検証。「強み」を生かすのが重要

創業動機や企業理念を明確にし、事業領域や事業コンセプトを決定し、
ビジネスモデルまで具体化したら、今度はその創業しようとしている事
業が、競合他社との競争に勝ち残ることができるかということを、検証
することが必要です。その手法として用いられる方法の一つに、SWOT
分析があります。

SWOT分析とは主に企業の内部環境としての強み（S = Strength）と
弱み（W = Weakness）、外部環境である機会（O = Opportunity）と脅
威（T = Threat）を抽出し、企業の経営戦略等を分析する手法です。

自社の強みと弱み、外部の機会と脅威を把握することで、「強みを生か
し、弱みを補強し、機会を生かし、脅威に打ち勝つことができるか」と
いう観点から経営戦略等を見直すことができます。

特に、創業計画においては、自社の強みは何かということを把握し、そ
の強みを生かした戦略により、競合他社の脅威に対抗することができる
か、ということを検証することが重要となってきます。

なお、ここでは事業領域等の検証の手段として記載しましたが、SW
OT分析は、新事業の事業領域等を考える際の前提としても利用されま
す。また創業後においても、経営戦略の策定や検証の際に利用するなど、
さまざまな場面で有用な分析手法です。

【SWOT分析、飲食店の例】

内部環境	外部環境
強み（S） ●飲食店での料理長としての勤務経験が10年ある ●料理長時代からの顧客がついている ●食材の生産者に人脈があり、産地直送で仕入れることができる	**機会（O）** ●健康への関心の高まり ●消費の二極分化により、良いものには高くてもお金を払う傾向がある ●近隣には比較的、高所得者が多いと思われる
弱み（W） ●駅から遠い立地である ●店舗面積が狭く、客席数が少ない ●想定する客単価が競合店より高い	**脅威（T）** ●個人消費が伸び悩んでいる ●周辺に価格の安い競合店が存在する ●毎年、食材、飲料の仕入価格が上昇している

III 損益計画、資金計画等、数値計画の作成

❶ 数値計画作成のポイント

◆事業を数値化し、実現可能性を検証する。根拠は具体的に

創業する事業概要の検討をした後、今度はその内容を具体的に計画書において文書化します。特に、その事業によりどのくらいの売上を上げ利益を計上するかという損益計画を検討し、そのためには開業資金がどの程度必要かということを数値計画により検証することは、事業の実現可能性を検討する上で、非常に重要な意味を持つことになります。

特に計画の出発点である売上計画、損益計画については、曖昧なものではなく、なるべく具体的に根拠を示して、説得力のある計画にすることが大切です。計画書段階で、具体的な根拠に欠けるようでは、金融機関等からの資金調達も容易ではなく、そもそも事業として成り立たないと思われるからです。

◆数値計画にはいくつかの種類がある

開業資金計画、損益計画、設備投資計画、資金計画等、作成すべき数値計画は何種類かありますが、各計画書の数値はすべて相互に結びついています。

数値計画の中で基本となるのは損益計画であり、その損益計画を達成するために必要な設備投資額やその調達資金が算出され、資金計画が作成されます。

損益計画 → 設備投資計画 → 資金計画

◆まず大まかな数値目標を描いて、計画のたたき台を作る

数値計画を作成する場合には、計画作成の初期段階においてはあまり細かく考えすぎず、ある程度大まかな目標値としての損益計画を作成します。その後、売上計画に対する根拠づけを行うことにより実現可能性についての検証を行います。

　次に、その売上計画を達成するために必要な設備投資額や運転資金額を算出した後、その資金を調達できるかという観点から実現可能性を検討します。また、開業時の融資金の返済および内部留保等を考慮した目標利益額を算出し、改めて損益計画にも修正を加えるといったように、各計画数値を練り直していきます。

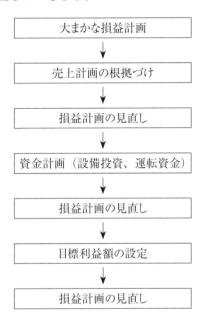

◆単年度計画および中期計画を作成する

　計画の作成手順としては、さまざまなものがありますが、まずは、5年程度の大まかな中期の損益計画を概算目標として定めた上で、詳細な計画として、各年度の月次計画を作成します。

　中期の数値計画作成の第一段階は、例えば事業が軌道に乗るのが5年後と想定した場合、5年後の軌道に乗った後の単年度の損益計画を検討します。その際には、まず、製品および市場の戦略に基づいて、目標となる売上高を設定します。その後、想定する売上総利益率を基に売上原価を設定し、その売上を上げるのに必要な人件費、一般管理費を見積もります。

さらに、事業のために必要な設備資金を見積もり、概算の資金計画を作成します。

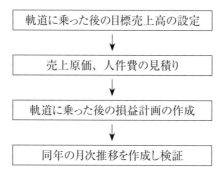

軌道に乗った後の目標売上高の設定

↓

売上原価、人件費の見積り

↓

軌道に乗った後の損益計画の作成

↓

同年の月次推移を作成し検証

◆目標利益を設定し、損益計画を見直す

借入金の返済原資は、おおまかに言えば、減価償却費控除前の利益額です。したがって、損益計画の中で設定する利益額は、「目標利益額＋借入金元本返済額－減価償却費」（以下「必要利益額」とします）となります。

利益額は内部留保となり、内部留保が増えれば財務安全性が高まると同時に将来の設備投資や研究開発投資等、会社の成長のための原資となります。目標利益額は将来の経営計画を達成するための目標値として設定します。

この必要利益額を（1－法人税等の税率）で割り戻した金額に人件費、一般管理費、支払利息等の固定費を加算した金額を、想定される粗利益率（ 売上高－売上原価等の変動費 ÷売上高 とします）で割り戻したものが、設定した必要利益を上げるために必要とされる売上高です。

もし、当初の損益計画で設定した売上高が計算した必要とされる売上高に満たない時は、売上計画を見直します。

必要利益額 ＝（ 目標利益額 ＋ 借入金元本返済額 － 減価償却費 ）

必要とされる売上高 ＝（ 固定費 ＋ 必要利益額 ÷（1－法人税等の税率）） ÷ 粗利益率

◆創業時から５年後に至るまでの損益計画を作成する

　事業が軌道に乗った後の損益計画を作成したら、今度は、創業当初から軌道に乗るに至るまでの数値計画を立てます。

　こちらも当初はあまり細かい点にはこだわらず、まずは大まかに、毎年成長していくように計画数値を決めていきます。

【中期計画　数値例】　　　　　　　　　　　　（単位：千円）

	第1期	第2期	第3期	第4期	第5期
売上高	25,000	36,000	48,000	60,000	72,000
売上原価	7,500	10,800	14,400	18,000	21,600
売上総利益	17,500	25,200	33,600	42,000	50,400
人件費	6,872	10,800	14,400	18,000	21,600
一般管理費	9,113	12,600	15,600	19,500	21,600
販管費計	15,985	23,400	30,000	37,500	43,200
営業利益	1,515	1,800	3,600	4,500	7,200
営業外収益	225	360	480	600	720
営業外費用	240	460	580	700	820
経常利益	1,500	1,700	3,500	4,400	7,100
特別損益	－	－	－	－	－
税引前当期純利益	1,500	1,700	3,500	4,400	7,100
法人税等	450	510	1,050	1,320	2,130
当期純利益	1,050	1,190	2,450	3,080	4,970

想定原価率
30%

税引前当期
純利益×30
％と仮定

月次損益計画の合計額と一致

◆創業初年度については、年度計画を詳細な月次計画に落とし込む

　年度計画を作成したら、その計画数値をもとに、月次計画を作成します。いったん、年度計画の数字を単純に12か月で割った後に、月ごとの増減を検討します。

　特に創業初年度については、なるべく詳細に月ごとの数値に具体的な根拠づけを行っていきますが、その結果、年度の数値が多すぎたり少なすぎたりした場合には、年度計画の数値自体を見直します。

　なお、2年目以降の月次計画は、各年度の開始前までに、各年度の実

【創業初年度月次損益計画　数値例】

株式会社○○○　月次損益計画

（単位：千円）

補足メモ（図中の吹き出し）:
- 原価率30%と仮定
- 4月1日会社設立、7月1日営業開始と仮定
- 季節変動を考慮
- 社会保険料。12月は賞与分を考慮
- 12月に賞与を計上
- 開業時の備品・消耗品等購入費
- 会社設立時登録免許税等
- 会社設立手数料等
- 開業時は多めに計上。会社設立前の準備期間にかかった費用の精算も含む
- 中期損益計画の第1期の数値と一致

項目	年間累計	2023年4月	2023年5月	2023年6月	2023年7月	2023年8月	2023年9月	2023年10月	2023年11月	2023年12月	2024年1月	2024年2月	2024年3月
売上高	25,000	0	0	0	2,000	2,000	2,500	2,500	3,000	4,000	3,000	3,000	3,000
売上原価	7,500	0	0	0	600	600	750	750	900	1,200	900	900	900
売上総利益	17,500	0	0	0	1,400	1,400	1,750	1,750	2,100	2,800	2,100	2,100	2,100
役員報酬	3,000	0	0	300	300	300	300	300	300	300	300	300	300
給料・賞与	2,800	0	0	250	250	250	250	250	250	550	250	250	250
法定福利費	872	0	0	83	83	83	83	83	83	125	83	83	83
福利厚生費	200	0	0	20	20	20	20	20	20	20	20	20	20
人件費計	6,872	0	0	653	653	653	653	653	653	995	653	653	653
広告宣伝費	370	0	0	100	30	30	30	30	30	30	30	30	30
発送費	33	0	0	0	3	3	3	3	3	3	3	3	3
水道光熱費	580	10	10	20	60	60	60	60	60	60	60	60	60
消耗品費	830	50	10	500	30	30	30	30	30	30	30	30	30
支払保険料	360	30	0	70	30	30	30	30	30	30	30	30	30
租税公課	200	200	0	0	0	0	0	0	0	0	0	0	0
減価償却費	3,600	0	0	300	300	300	300	300	300	300	300	300	300
地代家賃	3,300	0	300	300	300	300	300	300	300	300	300	300	300
接待交際費	240	75	15	15	15	15	15	15	15	15	15	15	15
旅費交通費	510	100	20	30	40	40	40	40	40	40	40	40	40
通信費	240	50	10	20	20	20	20	20	20	20	20	20	20
支払手数料	510	200	35	35	35	35	35	35	35	35	35	35	35
会議費	240	100	20	20	20	20	20	20	20	20	20	20	20
図書教育費	105	50	5	10	5	5	5	5	5	5	5	5	5
雑費	200	90	10	10	10	10	10	10	10	10	10	10	10
一般管理費計	9,113	1,255	435	1,225	687	687	687	687	687	699	688	688	688
販売費及び一般管理費	15,985	1,255	435	1,878	1,340	1,340	1,340	1,340	1,340	1,694	1,341	1,341	1,341
営業利益	1,515	-1,255	-435	-1,878	60	60	410	410	760	1,106	759	759	759
受取利息・雑収入	225	0	0	0	25	25	25	25	25	25	25	25	25
営業外収入計	225	0	0	0	25	25	25	25	25	25	25	25	25
支払利息	144	14	14	14	14	11	11	11	11	11	11	11	11
雑損失	96	8	8	8	8	8	8	8	8	8	8	8	8
営業外費用計	240	22	22	22	22	19	19	19	19	19	19	19	19
営業外損益	-15	-22	-22	-22	3	6	6	6	6	6	6	6	6
経常利益	1,500	-1,255	-435	-1,893	60	60	410	410	760	1,106	759	759	759
税引前利益	1,500	-1,255	-435	-1,893	60	60	410	410	760	1,106	759	759	759
法人税等	450												450
当期純利益	1,050	-1,255	-435	-1,893	60	60	410	410	760	1,106	759	759	309

績と中期計画などを参考にして、予算として作成するようにします。

② 売上(販売)計画

◆創業時の売上予測は簡単ではないが、まずは、算式に当てはめて「予想売上高」を設定する

売上は、創業後3期ほど経過し、ある程度の実績を積んでくれば、予測も立てやすくなりますが、創業の際の売上計画は、たとえ事業経験があったとしても、立地や経済状況の変化など、環境が変われば、過去の経験通りにはいかないこともあります。

まずは、概算の目標値として予測される売上高(以下「予想売上高」とします)を設定します。その場合にも、ただ漠然とした数字ではなく、目標値を一定の算式に当てはめて計算しておくことによって、融資の審査などにおいて、売上計画の根拠づけとなります。また、創業後に売上実績と比較したときに、その差額の原因を分析することによって、翌期以降の事業計画の作成に役立てることができます。

◆売上高は単価と数量で決まる

売上計画の金額の算出方法はさまざまで、決まった方法はありませんが、基本的には、売上高は商品やサービスの単価に販売数等の数量を乗じて計算します。その際の数量の算出方法は、業種によりある程度区分することができます。なお、売上高は商品アイテムの数が少ないときはアイテムごとに算出するのが好ましいですが、アイテム数が多いときには、商品カテゴリーごとに算出します。

【売上計画の基本算式】

> 売上高＝単価×数量

◆単価には、商品単価と時間単価などがある

商品の小売業などのように、商品の1個当たりの単価を基にして計算

する場合と、一定のサービス業のように、時間単価を基にして計算する場合もあります。

```
小売業等：単価＝商品単価
一定のサービス業等：単価＝時間単価
```

◆売上数量の算出方法はさまざま

数量の算出方法は業種により異なり、さまざまな方法が考えられます。どの方法もメリット・デメリットがありますが、事業の特性を考え、最も実態を表していると思われる方法にあてはめます。

【売上数量算出方法の例（1月当たり）】

```
飲食店業 ：①数量＝客席数×客席稼働率×客席回転数×営業日数
         ②数量＝店前通行量（1日）×来店率×営業日数
小売業   ：①数量＝店前通行量（1日）×来店率×来店時1人当たり購入数
              ×営業日数
         ②数量＝店員数×店員1人当たりの販売数量（1日）×営業日数
         ③数量＝対象市場の人口×購買者層の比率×自社製品等の予測
              市場占有率×1人当たり予測月間購入数
旅館業   ：①数量＝部屋数×部屋稼働率×営業日数
サービス業：①数量（件数）＝サービススタッフの人数×1日当たり件数
         ②数量（時間）＝サービススタッフの人数×1日当たり稼働時間
```

◆「予想売上高」計算例1：飲食店は、客席稼働率と客席回転数を考慮して設定する

飲食店については、一般的には平均客単価に、客席数、想定する客席稼働率および客席回転数を乗じて計算します。

客席稼働率は、例えば、4人掛けのテーブルに2人座る場合は50%、3人座る場合は75%、4人座る場合には100%となりますが、店全体の平

均として想定される稼働率を設定します。また、客席回転数は、大衆居酒屋や回転寿司のように、比較的客単価が低く、短い時間でお客様が入れ替わるような形態と、高級割烹のように、客単価が高く、基本的に1回転しか想定していないような形態等があり、創業者の目指す方向性により変化することになります。

　また曜日による繁閑の差に重要性がある場合には、曜日ごとに客席回転数等に差を設けて設定します

> 月間予想売上高=平均客単価×客席数×平均客席稼働率×平均客席回転数×営業日数

【計算例】

> 〈前提〉
> ①業種：飲食業
> ②平均客単価：5,000円
> ③客席数：30席
> ④平均客席稼働率：60%
> ⑤平均客席回転数：1.5回転　（月～木：15日とする）
> 　　　　　　　　　2.0回転　（金：5日とする）
> 　　　　　　　　　1.0回転　（土：5日とする）
> ⑥1か月の営業日数：25日
> 　　　　予想売上高=5,000円×30席×60%×1.5回転×15日+5,000円×30席
> 　　　　　　　　　×60%×2.0回転×5日+5,000円×30席×60%×1.0回転
> 　　　　　　　　　×5日=3,375,000円

◆「予想売上高」計算例2：自社製品等の需要予測の観点から設定する

　売上計画について、自社の製品等の特徴から考えて、各製品等がどの市場に対しどのくらいの売上が見込めるかの予測を立てます。

　例えば、対象市場の消費者に対し、ターゲットとなる購買者層を想定し、予想売上高の試算をします。

> 月間予想売上高=製品単価×対象市場の人口×対象市場内の購買者層の比率×
> 　　　　　　　自社製品等の予測市場占有率×1人当たり予測月間購入数

【計算例】

〈前提〉
①業種：食品小売業（洋菓子店）
②対象商品および単価：○○クッキー、500円
③対象市場：東京都渋谷区、○○駅から○キロ圏内
④対象市場の人口：1万人
⑤購買者層の予測比率：20%
⑥自社製品の予測市場占有率：10%
⑦1人当たり予測月間平均購入数　1個

○○クッキーの月間予想売上高
＝500円×1万人×20%×10%×1個＝10万円

◆ 「必要売上高」を計算する。損益分岐点売上高を基準に設定

　予想売上高を設定する方法は、対象市場において、個々の商品等がどれくらい売れそうかという予測に着目した方法です。これに対し売上目標を立てる上で、もう一つの方法が、必要な固定費から損益分岐点売上高を算出し、それを基準に企業が計上しなければならない売上高（以下「必要売上高」とします）を算出する方法です。

　損益分岐点売上高とは、利益が±0となる売上高のことですが、利益が0のときに、借入金の返済が減価償却費を上回る場合には、資金繰りに行き詰まることになります。また、将来の設備投資の原資を得るためや、財務安全性を高めるためには、利益の内部留保が必要となります。

　そのための稼得すべき利益額を加味して算出した売上高が、企業にとっての「必要売上高」です。

【計算方法】

損益分岐点売上高＝固定費÷粗利益率（売上総利益率^(注)）
必要売上高＝｛(固定費＋必要利益額÷（1−法人税等の税率)｝÷粗利益率
※固定費には販売費、一般管理費、支払利息などが含まれます。
　　また、資金計画のところでも解説しますが、利益は、減価償却費とともに融
　資資金の返済原資となるため、それらを考慮した必要利益額を設定する必要
　があります。
（注）正確には販売費、一般管理費に含まれる変動費も考慮した変動比率を用
　　　いて計算しますが、計算の簡便化のため粗利益率を用いています。

【計算例】

〈前提（年間）〉
①固定費：人件費1,800万円＋その他の販売費および一般管理費600万円＋支払
　利息10万円＝2,410万円
②固定費のうち減価償却費：設備投資額500万円÷耐用年数5年＝100万円
③必要利益額：目標内部留保額100万円＋借入金元本返済額120万円−減価償
　却費100万円＝120万円
④粗利益率　30％
⑤年間必要売上高＝｛固定費2,410万円＋必要利益額120万円÷（1−30％)｝
　　　　　　　　÷30％＝8,603万円
※法人税等の税率は30％と仮定

◆創業時の売上計画。予想売上高と必要売上高をもとに調整する

　創業時には、まず予想売上高を算出する方法を参考に、目標となる売上高を見積もります。その後、損益分岐点計算の方法を基に算出した必要売上高によりその検証を行い、目標売上高の調整を行って売上計画を作成します。

　具体的には、まず、目標となる売上高を達成するために必要と思われる設備投資額および人件費、家賃等の必要固定費を算出します。

　次に、設備投資のための借入金元金返済額や内部留保の目標額から必要利益額を算出し、見積もった予想粗利益率から必要売上高を算出します。

その後、必要売上高と当初の販売予測に基づく目標となる予想売上高を比較し、予想売上高に修正を加えるといったように、両方法を組み合わせて、目標となる売上計画を作成します。

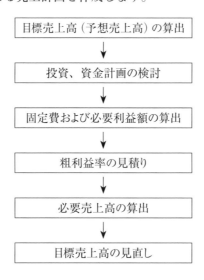

| 目標売上高（予想売上高）の算出 |
| 投資、資金計画の検討 |
| 固定費および必要利益額の算出 |
| 粗利益率の見積り |
| 必要売上高の算出 |
| 目標売上高の見直し |

◆身の丈にあった売上計画

　売上計画は、大きな金額にしがちですが、5か年計画のうち、特に設立当初3年ほどは、身の丈にあった、保守的な数値にする必要があります。

　資金計画のところで解説しますが、売上計画は損益計画を通し、資金計画の根拠になるものですので、無理な売上計画を基準にした資金計画では、創業後、破綻の危険性が高くなってしまいます。

　設備投資や人員の確保等は、事業計画段階の売上を基に決定されるため、売上予測と売上実績が乖離してしまった場合には、固定費を賄えなくなってしまうからです。

　また、金融機関等の審査を考えた場合にも、**創業計画における創業当初の売上高が大きすぎると根拠づけが難しくなり、かえって評価が低くなる**こともあります。

　創業当初の売上計画は、無理なく身の丈に合った計画にしましょう。

◆夢は大きく。将来の目標売上は高めに設定する

売上計画は資金繰りの安全性の観点から、短期的には厳しく保守的に設定すべきですが、長期的な目標を高めに設定することは成長のためには必要なことです。

例えば、会社の経営会議などにおいて「5年後には売上高10億円を達成する」など、具体的な数値目標を中長期経営計画の中で発表します。それにより、目標に向けて社員が一丸となり、企業の成長につながることもあります。

売上は企業経営の根幹をなすものですので、短期の売上計画は慎重に、そして、長期的には企業の成長のための目標として大きく設定することも大切です。

③ 売上原価計画

◆業種や業態により計算方法が異なる

売上原価計画の考え方は、その事業が、仕入れた商品を性質および形状を変えずにそのまま販売する小売・卸売業である場合と、材料を仕入れ、加工して製造した製品を販売する製造業とでは異なります。

小売・卸売業では、売上高に、想定する原価率を乗じて売上原価を算出します。

製造業では、材料費だけでなく、加工に費やした賃金や外注加工費その他の経費を集計して原価計算をすることになり複雑です。

創業後において原価計算を行う場合には、簡便な方法で行うか、あるいは大手メーカーのように原価計算システムを構築して計算するかは、その事業における原価計算の重要性と原価計算のためのコストとの兼ね合いで決定します。ただし時間的に制約のある創業計画作成の段階では、概算の製品1個当たりの材料費・労務費・経費から想定される原価率を算出し、小売・卸売業と同様に、その原価率を売上に乗じて製品売上原価を算出しておく方法でも良いでしょう。

◆想定する原価率から、商品ごとの売上原価を算出する

　売上計画により売上の計画数値を算出した後、今度は売上原価を算出します。

　売上原価とは売上に対応する原価のことで、売上計画における売上高に、想定する原価率を乗じて求めますが、原価率は商品ごとに異なりますので、必ず、商品別に計算して合計し、事業計画における売上原価とします。

　この場合の商品別とは商品アイテム別であることが理想ですが、アイテム数が多い場合には商品カテゴリーごとに算出します。

　なお、時間や手間の問題で、商品アイテム別あるいはカテゴリー別の計算が困難な場合には、計画書作成段階では、売上高総額に対し、平均の原価率を乗じて計算することもやむをえませんが、**原価管理は、創業後において利益を稼得していく上でとても重要です。主力の商品アイテムについてだけでも、想定する原価率を個別に検討し、算出するようにしましょう。**

> 各商品の売上原価=各商品の売上高×各商品の原価率

◆売上原価から、仕入および在庫金額の見込みを立てる

　売上原価の計画値を算出したら、今度はその売上原価を仕入額と在庫金額に割り振ります。創業初年度については、売上原価に想定する商品等の在庫金額を加算した金額が、必要な仕入金額となります。

【初年度の仕入金額】

> 仕入金額=売上原価+期末在庫金額

【2期目以降の仕入金額】

> 仕入金額=売上原価−期首在庫金額+期末在庫金額

◆在庫金額は多すぎず少なすぎず。設定額に注意

在庫金額は、多すぎると資金繰りを圧迫するだけでなく、商品が売れ残り、いわゆる不良在庫となった商品の金額が多額になると、程度によっては経営が破綻してしまうリスクさえあります。

他方で、少なすぎると機会損失が生じ、顧客を失うことにもなりかねず、業績に悪影響が生ずることとなります。

したがって、「機会損失がない程度でできる限り少なく」が在庫金額の設定としては理想ですが、簡単ではありません。

計画段階では、経験値、あるいは業界平均の商品回転率などを参考にして設定し、状況により常に見直していくようにしましょう。

> 在庫金額＝売上高（仕入高）÷商品回転率（回）（※）
> （※）商品回転率（回）＝売上高÷平均在庫金額

4 損益計画

◆売上を利益に結びつける

売上および売上原価の計画を立てたら、今度は、販売費および一般管理費を見積もります。特に、人件費は金額的に大きな比重を占めますので、販売計画および仕入計画を達成するために必要な人員を考え、慎重に算出します。

人件費には社会保険料の会社負担分も含まれますが、おおよそ給与額の15％程度を見積もれば良いでしょう。

人件費のほか、家賃や光熱費、交通費等を大まかに見積もり損益計画を作成します。減価償却費や金利は、設備投資計画および資金計画から算出します。

損益計画の結果、算出された利益額が必要利益額に不足するようであれば、売上を増やす、売上原価率を下げる、設備投資額を減らす、人件費その他の固定費を減らすなどを検討し、数値計画を見直します。

5 設備投資計画

◆創業時の設備投資は必要最小限で

　事業を行うのには通常、一定の設備が必要です。業種によって違いは
ありますが、飲食店であれば店舗や事務所の内装、テーブルや椅子など
の備品、厨房設備など、製造業などでは製造のための機械装置、また、運
送業であればトラック等、さまざまな設備があります。事業を行うのに
はなくてはならないものですが、創業計画時には、なるべく最小限度の
設備投資にすべきです。

　最初から過剰な設備投資を行うと、開業後の固定費が増大することに
より利益を圧迫し、また融資の返済が資金繰りを圧迫することになるか
らです。

　したがって、**事業に直接的に必要なものにはお金をかけ、事務所の豪
華な内装や社用車など、必ずしも必要でないものにはできるだけお金を
かけないというメリハリが必要**です。

◆大きな設備投資の場合には、必要に応じて回収計算を行う

　設備投資を行う場合の意思決定方法として、回収期間法、投資利益率
法、正味現在価値法、内部収益率法などの方法があります。

　いずれも設備投資額と設備投資によってもたらされる利益やキャッシ
ュフローの関係によって判断する方法で、将来の利益やキャッシュフロ
ーの見積り数値により影響を受けますので、特に実績数値のない創業時
においては、参考の域を出ないことになります。

　創業計画書作成時においては、計算の簡単な回収期間法で確認を行う
程度で良いでしょう。

　回収期間法では、投資額がそれによりもたらされるキャッシュフロー
により何年で回収できるかを計算します。

　回収期間は短ければ短いほど良いですが、少なくとも、見込まれる設
備の耐用年数を超えないものである必要があります。

【設備投資案の評価方法】

	計算式	内容
回収期間法	回収期間（年）＝設備投資額÷各期の平均将来キャッシュフロー	回収期間の長短により設備投資案を評価する方法
投資利益率法	投資利益率（％）＝増加利益額÷設備投資額	投資によって得られる利益率によって設備投資案を評価する方法
正味現在価値（NPV）法	正味現在価値＝将来キャッシュフローの現在価値－設備投資額	設備投資によってもたらされるキャッシュフローの現在価値の総額が、設備投資額を上回るか否かにより設備投資案を評価する方法
内部収益率（IRR）法	投資額＝$\dfrac{1年目のCF}{(1+IRR)}+\cdots\cdots+$ $\dfrac{n年目のCF}{(1+IRR)^n}$ となる場合のIRR	正味現在価値が0となる割引率であるIRRと資金調達のための資本コストを比較して設備投資案を評価する方法

6 資金計画

◆開業時必要資金を算出する

　事業を開始するためには、在庫を持つための仕入資金や開業当初、事業が軌道に乗るまでの間の人件費や家賃等を賄うための運転資金、製品を製造するための設備購入のため等の設備資金が必要となります。

　これらの資金については、財務安全性の観点からは、できるだけ自己資金で賄うに越したことはありません。

　しかし、常に豊富な資金を持っている人は稀で、自己資金が確保できるのを待っていたのでは、せっかくのビジネスチャンスを逃してしまうことにもなりかねません。

　したがって、売上計画、仕入および在庫計画、損益計画から開業のために必要となる資金を算出し、拠出できる自己資金を考慮した上で、不足する資金を融資等により外部から調達することになります。

◆外部調達額は必要最小限で。小さく始めて大きく育てる

　ここで注意したいのは、開業にあたって、資金をかけすぎないようにするということです。

　理想と夢をもって開業するわけですから、広い店舗を持ち、豪華な内装にし、人員も多く抱えたいところですが、**過剰な開業資金は、開業後の返済負担が大きくなるだけでなく、固定費の増大をもたらし、損益分岐点が引き上げられ、利益を計上するためのハードルが上がってしまう**ことにつながります。

　よく言われることですが、「小さく始めて大きく育てる」という心構えを持ちましょう。

【開業時必要資金額の例】

<table>
<tr><th colspan="2">必要な資金</th><th>金額</th><th>調達の方法</th><th>金額</th></tr>
<tr><td rowspan="3">設備資金</td><td>●店舗内装</td><td>500万円</td><td>自己資金</td><td>500万円</td></tr>
<tr><td>●厨房設備、什器備品</td><td>200万円</td><td rowspan="2">知人等からの借入</td><td rowspan="2">200万円</td></tr>
<tr><td>●店舗保証金</td><td>150万円</td></tr>
<tr><td rowspan="2">運転資金</td><td>●仕入資金</td><td>100万円</td><td rowspan="2">日本政策金融公庫からの借入れ</td><td rowspan="2">600万円</td></tr>
<tr><td>●その他経費等運転資金</td><td>350万円</td></tr>
<tr><td colspan="2">合　計</td><td>1,300万円</td><td>合　計</td><td>1,300万円</td></tr>
</table>

7　資金繰り計画表の作成

◆資金繰りは企業の命綱

　作成した損益計画と開業資金計画をもとに、損益計画と同じ年度分の資金繰り計画表を作成します。

　損益計画でいくら黒字を見込んでいても、開業資金計画において過大な設備投資資金等を設定した場合の返済負担などにより、資金繰りが行き詰まることもあります。その場合には、再度、損益計画および開業資金計画を見直すことになります。

　資金繰り計画表は、損益計画をベースに、借入金の元本返済のように、

損益計算には関係しないがキャッシュアウトの生ずる項目を支出として追加し、またそれとは逆に、減価償却費のように、損益計算においては経費として計上されるが、キャッシュアウトの生じない項目を支出から除外する等により作成します。

　具体的には通常、経常収支、投資収支、財務収支の区分を設けて作成しますが、損益計画の末尾に減価償却費の加算や借入金元本返済額の減算等のキャッシュフロー上の調整を加えて作成する簡便的な方法もあります。

　なお、日々の業務で使用する、詳細な資金繰り予定表は3か月くらい先まで作成し、日々更新するものですが、経理業務の一部として行うことが多いため、これにつきましては第3章Ⅲで解説します。

◆事業計画では細かいところに凝りすぎない

　損益と資金繰りの金額は、さまざまな要因でずれが生じますが、事業計画作成の段階では、あまり細かいところまでこだわっても意味がありません。

　作成に時間をかけすぎて貴重な時間を浪費しないよう、資金繰り計画は大きな調整項目のみ損益計画に調整を加えて作成するようにしましょう。

【資金繰り計画の例】

（単位:千円）

売掛金の増加分を
売上高から減算

			第1期	第2期	第3期	第4期	第5期
		期首現金預金	0	4,550	5,335	7,760	11,020
経常収支	経常収入	売上高	24,250	35,875	47,875	59,750	71,750
		雑収入	225	360	480	600	720
		収入計	24,475	36,235	48,355	60,350	72,470
	経常支出	仕入	8,000	10,900	14,600	18,200	21,800
		人件費	6,872	10,800	14,400	18,000	21,600
		一般管理費	8,113	11,400	14,400	17,700	19,800
		営業外費用	240	460	580	700	820
		税金	–	450	510	1,050	1,320
		支出計	23,225	34,010	44,490	55,650	65,340
		経常収支差額	1,250	2,225	3,865	4,700	7,130
投資収支	収入		–	–	–	–	–
		収入計	–	–	–	–	–
	支出	店舗内装	5,000			–	3,000
		厨房設備、什器備品	2,000			–	–
		店舗保証金	1,500				
		支出計	8,500	–		–	
		投資収支差額	-8,500	0	0	0	– 3,000
財務収支	収入	出資金	5,000			0	–
		知人等借入れ	2,000			–	–
		金融機関借入れ	6,000			–	–
		収入計	13,000	–	–	–	–
	支出	知人借入元本返済	200	240	240	240	240
		金融機関借入元本返済	1,000	1,200	1,200	1,200	1,200
		支出計	1,200	1,440	1,440	1,440	1,440
		財務収支差額	11,800	– 1,440	– 1,440	– 1,440	– 1,440
		総収支差額	4,550	785	2,425	3,260	2,690
		期末現金預金	4,550	5,335	7,760	11,020	13,710

売上原価に
在庫増加分
を加算

減価償却費
以外の一般
管理費

借入金利他

この期に改
装工事を行
うと仮定

開業資金計
画と一致

開業資金計
画と一致

簡便的な方法
と一致

44

簡便的な方法　　　　　　　　　　　　　　　　　　　　　　（単位：千円）

	第1期	第2期	第3期	第4期	第5期
売上高	25,000	36,000	48,000	60,000	72,000
売上原価	7,500	10,800	14,400	18,000	21,600
売上総利益	17,500	25,200	33,600	42,000	50,400
人件費	6,872	10,800	14,400	18,000	21,600
一般管理費	9,113	12,600	15,600	19,500	21,600
（うち減価償却費）	(1,000)	(1,200)	(1,200)	(1,800)	(1,800)
販管費計	15,985	23,400	30,000	37,500	43,200
営業利益	1,515	1,800	3,600	4,500	7,200
営業外収入	225	360	480	600	720
営業外支出	240	460	580	700	820
経常利益	1,500	1,700	3,500	4,400	7,100
特別損益	−	−	−	−	−
税引前当期純利益	1,500	1,700	3,500	4,400	7,100
法人税等	450	510	1,050	1,320	2,130
当期純利益	1,050	1,190	2,450	3,080	4,970

損益計画と一致

（資金繰り）

		第1期	第2期	第3期	第4期	第5期
期首現預金		0	4,550	5,335	7,760	11,020
加算	税引前当期純利益	1,500	1,700	3,500	4,400	7,100
	減価償却費	1,000	1,200	1,200	1,800	1,800
	出資金	5,000	−	−	−	−
	借入金	8,000	−	−	−	−
減算	売掛金増加額	750	125	125	250	250
	在庫金額増	500	100	200	200	200
	借入金返済	1,200	1,440	1,440	1,440	1,440
	法人税等	0	450	510	1,050	1,320
	設備投資等	8,500	−	−	−	3,000
期末現預金		4,550	5,335	7,760	11,020	13,710

資金の流出のない経費（減価償却費）を加算

売掛金、在庫の増加分を減算
（売掛金や在庫などの資産増は、資金繰りにとってはマイナス要因）

一般的な方法と一致

出資金、借入金、設備投資等は開業資金計画と一致

株式会社○○○　第1期月次資金繰り計画表

（単位：千円）

科目	前月繰越	年間累計	2023年4月	2023年5月	2023年6月	2023年7月	2023年8月	2023年9月	2023年10月	2023年11月	2023年12月	2024年1月	2024年2月	2024年3月
前月繰越			0	745	2,310	697	237	277	542	932	1,247	2,083	3,072	3,811
経常収入 売上高		24,250	0	0	0	1,500	2,000	2,375	2,500	2,875	3,750	3,250	3,000	3,000
雑収入		225	0	0	0	25	25	25	25	25	25	25	25	25
収入　計		24,475	0	0	0	1,525	2,025	2,400	2,525	2,900	3,775	3,275	3,025	3,025
経常支出 仕入		8,000	0	0	200	600	600	750	750	1,200	1,200	900	900	900
人件費（役員）		3,000	0	0	300	300	300	300	300	300	300	300	300	300
人件費（社員）		2,800	0	0	250	250	250	250	250	250	550	250	250	250
その他人件費		1,072	0	0	103	103	103	103	103	103	145	103	103	103
家賃		3,600	300	300	300	300	300	300	300	300	300	300	300	300
その他一般管理費		4,513	955	135	825	287	287	287	287	287	299	288	288	288
その他営業外費用		240	0	0	15	25	25	25	25	25	25	25	25	25
税金		0	0	0	0	0	0	0	0	0	0	0	0	0
支出　計		23,225	1,255	435	1,993	1,865	1,865	2,015	2,015	2,465	2,819	2,166	2,166	2,166
経常収支差額		1,250	−1,255	−435	−1,993	−340	160	385	510	435	956	1,109	859	859
投資収入 収入　計		0	0	0	0	0	0	0	0	0	0	0	0	0
投資支出 店舗内装		5,000	1,500	3,500	0	0	0	0	0	0	0	0	0	0
厨房設備・什器備品		2,000	0	2,000	0	0	0	0	0	0	0	0	0	0
店舗保証金		1,500	1,500	0	0	0	0	0	0	0	0	0	0	0
支出　計		8,500	3,000	5,500	0	0	0	0	0	0	0	0	0	0
投資収支差額		−8,500	−3,000	−5,500	0	0	0	0	0	0	0	0	0	0
財務収入 出資金（自己資金）		5,000	5,000	0	0	0	0	0	0	0	0	0	0	0
知人借入れ		2,000	0	1,500	500	0	0	0	0	0	0	0	0	0
金融機関借入れ		6,000	0	6,000	0	0	0	0	0	0	0	0	0	0
収入　計		13,000	5,000	7,500	500	0	0	0	0	0	0	0	0	0
財務支出 知人借入元本返済		1,000	0	0	100	100	100	100	100	100	100	100	100	100
金融機関借入元本返済		200	0	0	20	20	20	20	20	20	20	20	20	20
支出　計		1,200	0	0	120	120	120	120	120	120	120	120	120	120
財務収支差額		11,800	5,000	7,500	380	−120	−120	−120	−120	−120	−120	−120	−120	−120
翌月繰越 現金		100	100	100	100	100	100	100	100	100	100	100	100	100
○○銀行		4,450	645	2,210	597	137	177	442	832	1,147	1,983	2,972	3,711	4,450
合計		4,550	745	2,310	697	237	277	542	932	1,247	2,083	3,072	3,811	4,550

注記（吹き出し）:

- 現金仕入と仮定
- 50%が現金売上。50%がカード等売掛金でその半分が翌月入金と仮定
- 在庫分
- 在庫増加分も含めて計上
- 賞与支払
- 現金支払いと仮定
- 開業資金計画と一致。着手金30%、残金は完成引渡後に支払と仮定（営業開始日の1か月前までに完成引渡予定）
- 開業資金計画と一致。内装工事等の残金支払前までに融資実行

46

8 予測貸借対照表の作成

◆作成するのが理想。1年後、2年後等の財産状態を予測し検証する

　開業資金計画をもとに開業時の貸借対照表を作成し、それに損益計画および資金繰り計画を加味して、毎年度の予測貸借対照表を作成します。1年後あるいは2年後等の貸借対照表を作成することにより、その時点での財務安全性の検証を行うことができるため、事業計画の健全性についての判定を行うことができます。

　予測貸借対照表は、計画の検証のため、作成するのが理想ですが、作成するにはある程度の簿記や会計の基本知識が必要となります。

　作成が難しい場合には、専門家に相談するか、あるいはスケジュールの厳しい創業時には省略しても良いでしょう。

◆財務分析を行う

　予測貸借対照表を作成した場合の検証の方法は、財務分析の方法等を利用して行いますが、分析した結果、財務安全性に問題が生ずる可能性がある場合には、開業資金計画や損益計画に遡って計画を見直します。

　財務分析は、開業後においても、財務諸表の収益性、安全性、生産性等の判定を行うのに有効です。また、金融機関等の融資審査等、外部の利害関係者が財務諸表の分析を行う際にも利用しますので、主な指標については、覚えておきましょう。

　（主な財務分析指標は125ページに記載）

【設立1期目の予測貸借対照表の例】

1期目は資金繰り計画表の売掛金増加額と一致※

資金繰り計画表の翌期繰越と一致

開業資金計画の借入金から資金繰り計画の返済額を控除

予測貸借対照表
令和6年3月31日

(単位：千円)

科目	金額	科目	金額
資産の部		負債の部	
流動資産	(5,800)	流動負債	(450)
現金及び預金	4,550	未払法人税	450
売掛金	750		
棚卸資産	500		
固定資産	(7,500)	固定負債	(6,800)
有形固定資産	(6,000)	長期借入金	6,800
造作	5,000	負債の部　合計	7,250
器具備品	2,000	純資産の部	
減価償却累計額	△1,000	資本金	5,000
無形固定資産	(1,500)	利益剰余金	1,050
敷金	1,500	純資産の部　合計	6,050
資産の部　合計	13,300	負債の部・純資産の部　合計	13,300

固定資産：資金計画と一致

1期目は損益計画の減価償却費と一致

1期目は損益計画の当期純利益と一致

1期目は資金繰り計画表の棚卸資産増加額と一致※

※2期目以降……期首残高＋当期増減額

Ⅳ 創業計画書の具体例

◆創業計画書にはさまざまな書式がある

　創業計画書にはさまざまな書式があり、日本政策金融公庫や制度融資の場合に自治体等が提示している書式等があります。

◆指定の書式を基にして、自身で作成した数値計画等を追加する

　例えば、日本政策金融公庫が例示している創業計画書ですが、これらの書式は、提出する事業者の負担や融資審査担当者の時間的な制約を考慮して、簡易的なものとなっています。

　記載欄のスペースもあまりないので、記載しきれなければ、別紙に記載して提出します。特に創業者の持つ「強み」や商品やサービスの差別化要因など、アピールしたいポイントについては、丁寧に記載しますが、読み手のことを考慮してあまり長々とした文章にならないように注意します。

　また、計画書は量が多ければ良いというものではありませんが、作成した損益計画の詳細や資金繰り計画についても、別紙で添えれば、より説得力のある計画書になります。

◆資金繰り計画は融資審査においても重要

　特に資金繰り計画については、金融機関が、事業収支における毎年の返済可能金額から貸し出せる金額を検討する上でも非常に重要ですので、追加して提出すると効果的です。

　具体的には、前述した5年間の損益計画、損益の月次推移計画、資金繰り計画等を追加すると良いでしょう。

◆実際に作成してみる。面接で説明できる計画書にする

　ここでは、日本政策金融公庫の創業計画書を基にして、主な内容について解説を行います。

なお、**創業計画書は作成して提出するだけでなく、審査の過程の面接等において、内容の説明を求められる**ことになります。

　記載例を真似ただけのものや、コンサルタント等に丸投げして作ったものでは、面接の段階で、審査担当者に見透かされてしまいます。

　記載内容について自信をもって説明できるよう、自分の言葉で作成し、信憑性の高い計画書にすることが大切です。

借金の是非

　私が店舗を創業したころ、よくこんな話がありました。

　「借金はできるうちにする」「借金できるのは経営者としての器量」

　投資が盛んなバブル期の感覚をよく表していますが、借金を重ねた人々のバブル崩壊後の悲劇は、まだ記憶に新しいところです。

　のど元過ぎれば……という言葉がありますが、ここのところの低金利の影響か、またまたそんな言葉が聞かれるようになりました。

　はたして借金は積極的にすべきでしょうか、しない方が良いのでしょうか？　もちろん、目的のはっきりした借金が、事業成長のために欠かせないことは誰も異論がないところです。

　問題は、本当に必要でもないのに周りの勧めでなんとなく借りてしまうような場合です。一般的に、業績の良い会社には、金融機関から良い条件での融資の話が頻繁にあります。

　「借りられるうちに借りる」という経営者からすると、願ってもない話ですが、オーナー社長の一存で資金の使い道を決められる中小企業では、どうしても無駄遣いが増えがちです

　「気が付いたら借金だけが残っていた」とはよく聞くお話です。

　借金はあくまでも借金。返さなければなりません。

　「借金できるのが経営者としての器量……」とはどうしても思えないのですが……。

【日本政策金融公庫の創業計画書　記載例】

> 経験や人脈などの「強み」と関連づける

創 業 計 画 書　　　　【記入例】

[令和○○年○月○○日作成]

お名前　○○　○○

1　創業の動機（創業されるのは、どのような目的、動機からですか。）

飲食店での１０年にわたる勤務経験を生かし、友人が営む地元の農家や、全国各地の知人が生産する無添加の食材を使い独自に発案した創作料理を中心にした、落ち着いた大人のための和食店を開業したいと模索していたところ想定するコンセプトに合う店舗物件と出会ったことで、起業する決断に至りました。また、飲料についても、○○、○○その他より、有利な価格設定による仕入の確約を取付け、希少価値のある酒類を安価に提供できる見込みが立ったことも決断の要因となりました。

公庫処理欄

2　経営者の略歴等（略歴については、勤務先名だけではなく、担当業務や役職、身につけた技能等についても記載してください。）

年　月	内　容	公庫処理欄
2015 年 4 月～	「居酒屋○○」アルバイトとして入店。ホールスタッフおよび調理補助を経験。	
2017 年 3 月	○○調理専門学校卒業。調理全般の基本事項について学んだ。	
2017 年 4 月	㈱○○（「割烹○○」）入社。調理場へ配属。料理長に指導を受ける。	
2020 年 12 月	調理師免許取得	
2022 年 5 月	同社の新規出店舗「創作料理○○」の出店とともに、料理長に就任。料理とともに経営管理も任される。	
2024 年 10 月	同社を退職予定（退職金 100 万円）	

> 創業する事業に関連のある経歴は大きなアピールポイント。業務内容等も具体的に書く

過去の事業経験	☑事業を経営していたことはない。 □事業を経営していたことがあり、現在もその事業を続けている。 　　　　　　　　　　　　　　　　（⇒事業内容：　） □事業を経営していたことがあるが、既にその事業をやめている。 　　　　　　　　　　　　　　　　（⇒やめた時期：　）	
取得資格	□特になし　☑有（　調理師免許　）　　　　　　番号等（　　　　）	
知的財産権等	☑特になし　□有（　）　　□申請中　　□登録済（　）	

3　取扱商品・サービス

取扱商品・サービスの内容	① 昼　日替りランチ（４種／ドリンク・デザート付）　客単価950円（売上シェア約14%） ② 夜一品料理　産地直送による新鮮でヘルシーな○○、○○、等の提供（一品 500～3,000 円） ③ ドリンク　ビール、焼酎、日本酒、ワイン、カクテル等のドリンクを提供（500～2,000円）客単価6,000円（売上シェア86%）	
セールスポイント	・地元や地方の生産者との人脈を生かし、新鮮で希少な食材や飲料を割安に仕入れることができる。具体的には、○○の○○ファーム直送の○○、コラーゲンが豊富な○○、○○産の魚介類等、産地直送による新鮮でヘルシーな食材および、地方の造り酒屋（○○等）から希少価値のある日本酒を入手できる。 ・和風の落ち着いた内装ときめ細やかな接客で、大人のための寛げる空間を演出し、差別化を行う。	公庫処理欄
販売ターゲット・販売戦略	・40歳前後の近隣の会社員をメインターゲットとする。 ・新鮮な素材による特徴的なランチで、近隣の会社員に周知してもらい、単価の高い夜の来店を促す。 ・現職で親しくなった顧客に来店を促すほか、友人や知人の人脈を生かし、宣伝活動および集客を行う。	
競合・市場など企業を取り巻く状況	・近隣のオフィス街から○○駅への通勤経路の途中にあり、会社員の通行人が多い。また、周辺には戸建ての住宅や分譲マンションも多く、中所得者層以上が多く居住していると思われる。 ・競合となる飲食店は、チェーン店の居酒屋等が多く、落ち着いた雰囲気の店は少ない。	

> 何を誰にどのようにして売るのか。「強み」と関連づけて書く

4 取引先・取引関係等

	フリガナ 取引先名 (所在地等(市区町村))	シェア	掛取引の割合	回収・支払の条件	公庫処理欄
販売先	一般個人 (○○周辺の会社員、住民)	100%	%	即金 日〆 日回収	
	( )		%	%	日〆 日回収	
	ほか 社	%	%	日〆 日回収	
仕入先	ｶ ○○ (株)○○(現勤務先の仕入先) (	30%	%	末日〆翌月末日支払	
	○○ ○○ファーム(学生時代の友人が経営) ( )	20%	%	末日〆翌月末日支払	
	ほか 10社	50%	%	末日〆翌月末日支払	
外注先	( )	%	%	日〆 日支払	
	ほか 社	%	%	日〆 日支払	
人 件 費 の 支 払	末日〆 翌月10日支払 (ボーナスの支給月 月、 月)				

> 取引実績や関係を記載

> 入金条件、支払条件も決まっていれば具体的に書く

☆ この書類は、ご面談にかかる時間を短縮するために利用させていただきます。

 なお、本書類はお返しできませんので、あらかじめご了承ください。

☆ お手数ですが、可能な範囲でご記入いただき、借入申込書に添えてご提出ください。

☆ この書類に代えて、お客さまご自身が作成された計画書をご提出いただいても結構です。

> 過剰にならないように

5 従業員

常勤役員の人数 (法人の方のみ)	1人	従 業 員 数 (3カ月以上継続雇用者※)	2人	(うち家族従業員) 人 (うちパート従業員) 1人 (採用予定)

※ 創業に際して、3カ月以上継続雇用を予定している従業員を記入してください。

6 お借入の状況 (法人の場合、代表者の方のお借入)

お借入先名	お使いみち	お借入残高	年間返済額
○○銀行	□事業 □住宅 ☑車 □教育 □カード □その他	50万円	24万円
	□事業 □住宅 □車 □教育 □カード □その他	万円	万円
	□事業 □住宅 □車 □教育 □カード □その他	万円	万円

> もれなく記入。細かいものは事前に返済しておく

52

7　必要な資金と調達方法

必要な資金		見積先	金額	調達の方法	金額
設備資金	店舗、工場、機械、車庫など		８５０万円	自己資金	５００万円
	（内訳）			親、兄弟、知人、友人等からの借入（内訳・返済方法）	２００万円
	店舗内装		５００万円		
	厨房設備・什器備品		２００万円	父親より２００万円	
	店舗保証金		１５０万円	（元本月２万円×１００回　金利なし）**契約条件を記載**	
運転資金	商品仕入、経費支払資金など		４５０万円	日本政策金融公庫　国民生活事業からの借入	６００万円
	（内訳）**資金繰り計画を基に余裕をもって設定**			（元本月10万×60回　金利年2%）	
	仕入資金		１００万円	他の金融機関等からの借入（内訳・返済方法）	万円
	経費支払等資金		３５０万円	**一致する**	
合　計			1，３００万円	合　計	1，３００万円

8　事業の見通し（月平均）

	創業当初	1年後又は軌道に乗った後（○年○月頃）	売上高、売上原価（仕入高）、経費を計算された根拠をご記入ください。
売　上　高　①	２５０万円	３００万円	**算式にあてはめて、具体的に記載する**（曜日による繁閑差が著しい場合には曜日ごとに計算） <創業当初> ① 売上高 昼：950円×30席×稼働率60%×0.8回転×25日＝342,000円 夜：6,000円×30席×稼働率60%×0.8回転×25日＝2,160,000円 ② 原価率30% ③ 人件費　役員30万円、社員1名25万円、アルバイト：1日4時間×25日×時給1,000円×2名＝20万円 　　家賃　30万円 　　支払利息 600万円× 2.0 %÷12＝1万円 　　その他　減価償却費（10万円）広告宣伝費、光熱費消耗品費等 <軌道に乗った後> ① 売上高：創業当初の1.2倍（経験より） ② 売上原価：当初と同じ原価率 ③ 人件費及びその他の経費：創業当初2割増 （注）個人営業の場合、事業主分は含めません。
売上原価②（仕入高）	７５万円	９０万円	
経費　人件費（注）	７５万円	９０万円	
経費　家　賃	３０万円	３０万円	
経費　支払利息	１万円	１万円	
経費　その　他	５６万円	６７万円	
経費　合　計　③	１６２万円	１８８万円	
利益 ①－②－③	１３万円	２２万円	

税引後の利益と減価償却費の合計額（当初19.1万円[※1]、軌道に乗った後25.4万円[※2]）が返済原資。月々の元本返済額（12万円）を上回っていなければならない

（※1）13万円×（1－30%）＋10万円＝19.1万円
（※2）22万円×（1－30%）＋10万円＝25.4万円
（法人税等の税率を30%と仮定する）

9　自由記述欄（追加でアピールしたいこと、事業を行ううえで……

ほかに参考となる資料がございましたら、併せて提出ください。

（日本政策金融公庫　国民生活事業）

【創業計画書作成上のポイント】

① 創業の動機

◆「動機」は創業の第一歩

　なぜこの事業を行うのかを、過去の実務経験や事業を行おうと思った経緯を含めて記載します。動機は目的となり、経営理念や事業コンセプトにつながるものであり、創業計画および事業継続を支える大切なものなので、簡潔に文章化してまとめておきます。

② 経営者の略歴等

◆創業する事業に関係する職務経験は「強み」であり、重要なアピールポイント。事業と経験を関連づけて書く

　創業する事業に関係する職務経験等は、創業者にとっての「強み」となりますので、特に詳しく書くと説得力が高まります。勤務先名、勤続年数、配属先の職務内容、取引先など、具体的に記載するのがポイントです。

　職務経験が、創業しようとしている事業の売上高に結びつくように、事業計画に関連づけて記載すると、融資審査上も、実現可能性を判断するための重要な情報となります。

③ 取扱商品・サービス

◆商品・サービスの特徴、差別化要因となるセールスポイント、販売ターゲット等を、競合・市場ごとの外部環境や自身の持つ「強み」と結びつけて具体的に記載する

　商品またはサービスの内容、価格等を具体的に記載します。商品・サービスの特徴を簡潔に書きますが、想定する販売ターゲットや、競合他社製品に比べどのような点で優れているか等の差別化できる要因を、自身が持つ強みと結びつけて、セールスポイントとして強調して記載します。

◆売価等は数値計画との整合性に注意

　また、具体的な商品等1個当たりの価格帯や平均客単価等も記載しますが、損益計画における売上高の算定との整合性について再確認します。

　創業融資の場合に限らず、作成した書類間での整合性がない場合、計画書の信憑性が疑われ、審査上、大きなマイナスポイントとなってしまいますので、注意します。

④　取引先・取引関係等

◆売上先、仕入先等との人脈は「強み」としてアピールする

　創業する事業において予定する取引先が、過去の勤務先における取引先や友人知人である場合には、緊密な関係を創業者の「強み」としてアピールすることで、実現可能性についての説得力が高まります。その顧客がなぜ新事業の顧客になりそうかなど、実際に売っていた商品と新事業の商品を関連づけて書くなど、重要な売り先になり得る理由がわかるように記載します。

　また、仕入先などの調達先が重要な場合には、仕入先の商品供給力や過去に仕入れた実績なども具体的に記載できると良いでしょう。

⑤　従業員

◆売上計画等と整合させる

　事業計画において見込んだ売上を達成するために必要な人員数を記載します。その際、なぜこの人数が必要なのかを売上計画と関連づけて説明できるようにしておきます。また、当初から過剰にならないように注意します。

⑥　借入れの状況

◆カードローンなどは事前に返済する

　代表者個人の借入金などがある場合に記載します。記載していなくても金融機関の信用調査でわかってしまうため、審査する側との信頼関係に問題が生ずることのないよう、漏れなく記載します。

なお、カードローンなどがあると、お金に関し計画性がないと判断されることがありますので、少額なものについては、可能であれば事前に返済しておきましょう。

⑦　必要な資金と調達方法

◆損益計画、資金繰り計画と整合させる。借入金は無理なく返済できる金額で

　損益計画をもとに、その売上を上げるために必要な設備資金および運転資金とその調達方法について記載します。借入金の返済原資は主に利益と減価償却費なので、損益計画および資金繰り計画において無理なく返済できる金額であるかを確認します。無理があるようであれば、設備投資額や損益計画を見直すなどして、各計画の数値が辻褄の合わないことにならないように注意します。

⑧　事業の見通し

◆数値計画は信憑性が肝心、無理のない数値計画を記載する。各計画書間の整合性にも注意

　この書式においては、創業当初および1年後または軌道に乗った後の損益の見通しを記載しますが、その根拠を上記の「商品・サービス」、「従業員」、「必要な資金と調達方法」と整合させてなるべく具体的に記載します。

　また、5年分程度の予想損益と資金繰り計画、および創業初年度の月次損益計画と月次資金繰り計画を作成していれば、別紙で添付することで、より説得力が高まります。

　なお、審査上は、利益が大きければ良いというものではありません。いくら予想利益が大きくても、根拠づけが不明確で、無理な計画と判断されるとかえって印象が悪くなります。

　計画書は信憑性が肝心ですので、くれぐれも無理のない「事業の見通し」を作成するように心掛けましょう。

V 創業のスケジュール

1 創業スケジュールの検討

◆ある程度のスピードが大切。時間配分にメリハリをつける

　環境変化の激しい昨今の状況下では、せっかくのアイディアも、創業準備にもたついているうちに陳腐化してしまい、あるいは、競合他社に先行されてしまうこともありますので、創業にあたっては、ある程度のスピード感も必要です。

　また、事業開始前は収入がなく、経費だけが出ていくことになるので、準備期間はなるべく短縮したいところです。

　しかし、店舗を構える必要のある小売業や飲食業などの場合には、店舗の立地条件が成功のための重要な鍵となりますので、納得のいく物件が見つかるまでは、妥協すべきではありません。創業者が想定する事業に合う物件を探すのは簡単ではないため、時間がかかるのはやむをえないところです。

　開業準備の時間を少しでも短縮するためにも、メリハリをつけた時間配分を心がけましょう。

◆創業を志したら、日頃から準備しておく。専門家も利用する

　創業前の職場に勤務している期間中など、本格的な開業準備に入る前に、創業する事業に関連する情報の収集を行い、ある程度の計画を立てておくとスムーズに進みます。

　創業を志したら、自己資金の貯蓄と同時に、店舗物件も含めた情報の収集など、創業のための準備を、日頃から怠らないようにしましょう。

　なお、創業準備は、考えなければならないこと、実行しなければならないことが数多くあり、事務的なことなど何から何まで自分でやろうとすると行き詰まってしまいます。

　その結果、商品・サービスの開発など、肝心なことにかける時間が減ってしまうことにもなりかねません。

創業計画策定の段階から信頼できる専門家を探し、事務的な手続きは外注することなどを検討して、スムーズに進めるように心掛けましょう。

② 創業スケジュールの例

◆具体的なスケジュールを設定する

創業スケジュールを考える際、下記のような表にしておくと、一目瞭然です。事業の概要が固まってきたら、おおまかなスケジュールを見積もって作成します。

業務名 ＼ 開業までの月数	10	9	8	7	6	5	4	3	2	1
事業概要の検討	◄	━	►							
創業計画・開業資金計画		◄	━	►						
店舗・事務所等（物件探し～契約）		◄	━	━	►					
内装工事（計画～設計～施工～引渡し）							◄	►		
事業詳細計画（製品・サービス、仕入業者他）					◄	━	►			
法人設立手続（内容決定～設立登記）					◄	►				
各種届出（税務署、社会保険、保健所、消防署等）							◄	►		
融資（相談～申込～契約）						◄	►			
プロモーション準備（計画～媒体決定～印刷物等作成）							◄	►		
備品等購入（計画～購入）								◄	►	
人材採用（計画～媒体決定～募集～採用決定）						◄	►			
プロモーション開始（媒体掲載、チラシ配布等開始）										◄►
スタッフ入社（研修、トレーニング実施）										◄►

第3章

お金をめぐる
キホンと支援

I 資金調達

◆資金調達は、自己資金と融資の組合せが一般的だが、出資の受入れ、補助金および助成金、クラウドファンディングなどの方法もある

　資金調達には、創業時の資金調達および創業後における資金調達がありますが、ここでは創業時について解説します。

　調達方法としては、過去に積み立てた自己資金を使う方法、知人や親戚等からの融資または出資を受け入れる方法、金融機関等から融資を受ける方法、補助金や助成金を受ける方法等があります。また、最近では、いわゆるクラウドファンディングを利用した調達も行われることがあり、調達方法も多様化しています。

【創業時の資金調達方法】2017年版中小企業白書より

第1位	第2位	第3位	第4位	第5位
経営者本人の自己資金（76.0%）	民間金融機関からの借入れ（39.2%）	家族・親族、友人・知人等からの借入れ（33.6%）	政府系金融機関からの借入れ（28.8%）	公的補助金・助成金の活用（14.4%）

◆特徴を理解した上で選択する

　上記のとおり、資金調達の手段はさまざまです。

　それぞれに長所、短所があり、その特徴を理解した上で、自身の創業に最も適した手段を選択することになります。

　一般的には、創業時には自己資金を資本金として出資し、残りの不足する必要資金は創業融資等、融資資金により賄います。

【資金調達方法】

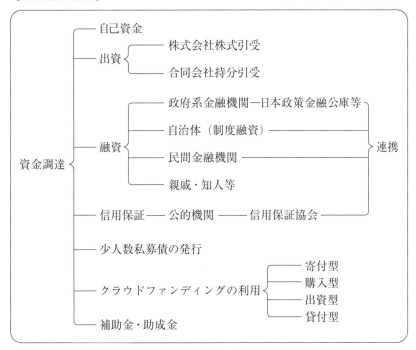

資金調達
- 自己資金
- 出資
  - 株式会社株式引受
  - 合同会社持分引受
- 融資
  - 政府系金融機関—日本政策金融公庫等
  - 自治体（制度融資）
  - 民間金融機関
  - 親戚・知人等
  （連携）
- 信用保証 — 公的機関 — 信用保証協会
- 少人数私募債の発行
- クラウドファンディングの利用
  - 寄付型
  - 購入型
  - 出資型
  - 貸付型
- 補助金・助成金

2　自己資金

◆自己資金は多い方が良い

　開業を目指す以上、ある程度の自己資金は必要です。開業資金計画の中で、返済の必要のない自己資金が開業資金の何割くらいあれば開業後に資金繰りを行う上で問題ないか等について検討する必要があります。

　また、融資を受ける際の審査においては、自己資金の金額が多ければ多いほど有利となり、公的機関の創業支援制度においても、支援の条件として必要とする自己資金の割合が明示されているものもあります。

3　出資

◆出資を受ける場合には議決権比率に注意する

　創業時において創業者本人以外に、創業パートナー等からの出資を受

け入れることがあります。この資金は原則として返済の必要がないため、経営上、安全性が高い資金と言えますが、一般的には、創業時の出資比率が議決権比率に反映され、経営権に影響を与えるため、機動的な経営が求められる中小企業にとっては、出資比率に注意を払う必要があります。

◆創業者の議決権比率は高い方が良い

　経営の自由度を確保するという意味では、創業者の議決権比率が100％であるのが理想ですが、資金調達の関係上難しい場合には、3分の2以上（株主総会における特別決議の要件）、あるいは最低でも50％超（同普通決議の要件）の出資比率を確保することが、安定した経営体制の確保の上では必要となります。なお、議決権制限株式など種類株式を使うと、出資比率は低くても、経営権取得のための議決権を確保することができます。また、合同会社の場合は、定款で定めれば、出資比率と異なる議決権比率とすることもできます。

　第三者からの出資を受ける場合でも、経営権の安定を図るため、一定の議決権比率を確保することが大切です。

【株主総会決議】

	定足数および決議要件	主な決議事項
普通決議 （会社法309条1項）	定足数：議決権を行使できる株主の議決権の過半数を有する株主の出席（定款で別段の定めをすることもできる） 決議要件：出席株主の議決権の過半数の賛成	●剰余金の配当 ●譲渡制限株式等の譲渡による取得承認 ●取締役、監査役、会計監査人の選任および解任 ●取締役等の報酬の決定 ●決算の承認
特別決議 （会社法309条2項）	定足数：株主総会で議決権を行使できる株主の議決権の過半数（定款で3分の1以上の割合を定めた場合には、その割合以上）を有する株主の出席	●募集株式等の発行における募集事項の決定 ●定款の変更 ●特定株主からの自己株式の取得

	決議要件：出席株主の議決権の3分の2（定款でこれを上回る割合を定めた場合はその割合）以上 なお、頭数要件など他の要件を定款で定めることもできる	● 事業譲渡の承認 ● 吸収合併契約、吸収分割契約、株式交換契約の承認 ● 新設合併契約、新設分割契約、株式移転契約の承認 ● 解散の承認 ● 資本金の額の減少 ● 役員の責任の一部免除
特殊決議1（会社法309条3項）	定足数：なし 決議要件（①かつ②） ①頭数：株主総会で議決権を行使できる株主の半数以上（定款でこれを上回る割合を定めた場合はその割合以上） ②議決権：株主総会で議決権を行使できる株主の議決権の3分の2（定款でこれを上回る割合を定めた場合にはその割合）以上	● 発行する株式の全部について譲渡制限を付すための定款の変更（公開会社から非公開会社への変更）
特殊決議2（会社法309条4項）	定足数：なし 決議要件（①かつ②） ①頭数：総株主の半数以上（定款でこれを上回る割合を定めた場合はその割合以上） ②議決権：総株主の議決権の4分の3（定款でこれを上回る割合を定めた場合にはその割合）以上	● 株式の全部について譲渡制限を設けている会社（非公開会社）において、株主ごとに異なる取扱いをする旨の定款の変更

◆**議決権制限株式など種類株式を活用する**

　出資を受ける際に、創業者の議決権比率の低下を防ぐ手段として、種類株式の活用があります。

　会社法においては、各株式の内容は同一であることを原則としていますが、特例として内容の異なる種類の株式を発行することを認めていま

す。具体的には剰余金の配当優先あるいは劣後株式、残余財産の分配優先あるいは劣後株式、議決権制限株式、譲渡制限株式、取得請求権付株式、取得条項付株式、全部取得条項付株式、拒否権付株式、取締役・監査役選任株式の9種類です。

　これらのうち、例えば、議決権のすべてを制限（いわゆる無議決権株式）する代わりに、剰余金の配当を優先的に受けられる株式を発行することにより、会社経営に関与せず配当等の運用益を目的とした出資者からの資金の受入れをする手段が広がることとなります。

　もし無議決権株式の発行による出資の受入れが実現すれば、創業者の議決権比率を引き下げることなく、返済の必要のない安定資金を受け入れる途も開けることとなります。

４ 融資

◆まず、日本政策金融公庫、信用保証協会の保証による自治体の制度融資を利用する

　自己資金で不足する開業資金を調達するには、主に日本政策金融公庫による創業融資制度、または、信用保証協会の保証による民間金融機関による融資、あるいは自治体及び金融機関と信用保証協会が連携して行う自治体の制度融資を利用する方法があります。

　日本政策金融公庫は、民間の金融機関が融資を行うのが難しい場合に、民間の金融機関の役割を補完し、創業しようとする人も含めた中小企業の支援を行う政府系金融機関です。

　また、信用保証協会は、信用保証協会法に基づき、中小企業の金融円滑化のために設立された公的機関で、事業者が金融機関から融資を受ける際、信用保証を行うことにより、中小企業の資金調達の支援を行っています。

① 　日本政策金融公庫の創業融資制度
◆創業時には、国民生活事業の新企業育成貸付を利用する。要件が合えば新創業融資を併用し、無担保・無保証にする

日本政策金融公庫には、国民生活事業、中小企業事業、農林水産事業の3つの事業がありますが、創業時には主に個人事業や小規模事業者向けの融資を行う、国民生活事業の融資制度のひとつである新企業育成貸付を利用します。

新企業育成貸付を受ける際には、新創業融資制度の要件に合えば、無担保・無保証人で融資を受けることができます。

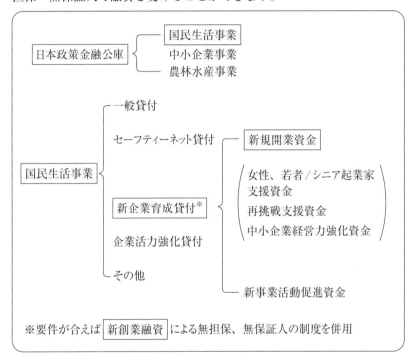

ア. 新規開業資金
●新規開業者が利用

新規開業者を支援するための融資ですので、創業者にとっては利用しやすい制度です。創業後2期以内等の要件を満たせば、新創業融資制度を組み合わせ、無担保・無保証人で融資を受けることもできます。

要件	新たに事業を始める人、または、事業開始後おおむね7年以内の人。なお、「新たに営もうとする事業について、適正な事業計画を作成しており、当該事業計画を遂行する能力が十分あると認められる人」に限る
融資限度額	7,200万円（うち運転資金4,800万円）
返済期間	設備資金……20年以内（うち据置期間2年以内） 運転資金……7年以内（うち据置期間2年以内）

（令和5年11月末現在）

イ．女性、若者／シニア起業家支援資金

●女性・若者・シニアに積極的に融資。優遇金利もある

新規開業資金のうち、女性や若者、シニアの起業家の資金調達の支援を行う制度です。要件に合えば、融資実行に向けて積極的に取り組んでくれることが期待され、金利も優遇されています。

創業後2期以内等の要件を満たせば、新創業融資制度を組み合わせ、無担保・無保証人で融資を受けることもできます。

要件	女性または35歳未満か55歳以上で、新たに事業を始める人、または事業開始後おおむね7年以内の人
融資限度額	7,200万円（うち運転資金4,800万円）
返済期間	設備資金……20年以内（うち据置期間2年以内） 運転資金……7年以内（うち据置期間2年以内）

（国民生活事業、令和5年11月末現在）

ウ．中小企業経営力強化資金（P84参照）

②　信用保証協会による信用保証

ア．信用保証協会とは

●中小企業の信用力を補完

信用保証協会は、中小企業および小規模事業者の資金調達の際の信用力を補完するために、事業者が金融機関から資金調達を行う際、一定の信用保証料を得て、信用保証を行います。

信用保証協会が融資の保証人になることで、融資を受けやすくするこ

とができます。

イ. 信用保証制度の仕組み

●事業者、金融機関、信用保証協会の三者が当事者

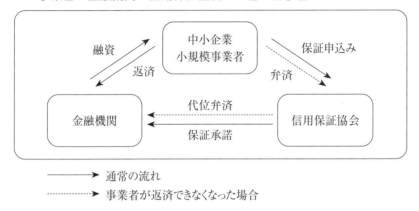

ウ. 利用の流れ

●保証協会が保証をし、金融機関が融資を行う

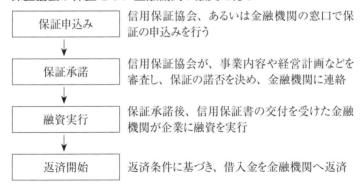

●返済ができなくなったら保証協会が代位弁済

　事業者が返済ができなくなった場合には、信用保証協会が借入金を金融機関に対し弁済し、それ以降、事業者は信用保証協会へ代位弁済をしてもらった金額の返済を行うことになります。

●一定の創業関連保証は責任共有制度の対象外

なお、保証協会が代位弁済を行った場合に、原則として弁済した金額の2割を金融機関が負担することとなっており、これを「責任共有制度」と言います。

窓口となった金融機関にも一定の責任を負わせることにより、融資審査の実効性を高めようとするものです。ただし、例外として一定の創業関連保証は、責任共有制度の対象外となっています。

エ. 利用条件

●企業規模の条件に合うか確認する

業　種	資本金	従業員数
製造業など（建設・運送・不動産業含む）	3億円以下	300人以下
ゴム製品製造業	3億円以下	900人以下
卸売業	1億円以下	100人以下
小売業・飲食業	5千万円以下	50人以下
サービス業	5千万円以下	100人以下
ソフトウェア業・情報処理サービス業	3億円以下	300人以下
旅館業	5千万円以下	200人以下
医療法人等	－	300人以下

（令和5年11月末現在）

●業種を確認する。許認可等は事前に受ける

ほとんどの業種が対象となりますが、農林漁業や金融業など一部の業種は対象外となるので、注意します。

また、許認可等を要する事業について融資を受ける場合には、事前に、その事業についての許認可を受けておく必要があります。

●区域・業歴を確認する

原則として、各信用保証協会の管轄区域で事業を営んでいる必要があります。また、保証制度により要件として業歴が定められている場合があるので確認します。

③　自治体の制度融資

◆利子補給などの優遇措置がある

　自治体が信用保証協会および金融機関と連携して行う制度融資があります。

　自治体からの補助により、金利、保証料等が優遇されている場合が多いので、各自治体において確認し、要件が合えば利用を検討します。

【制度融資の例】創業融資（東京都）

融資対象1〔創業前〕	事業を営んでない個人であって、1か月以内に新たに個人でまたは2か月以内に新たに会社を設立して東京都内で創業しようとする具体的計画を有している者			
融資対象2〔創業後〕	創業した日から5年未満である中小企業者および組合（個人で創業し、同一事業を法人化した人で、個人で創業した日から5年未満の方を含む）			
融資対象3〔分社化〕	東京都内で分社化しようとする具体的な計画を有する会社または分社化により設立された日から5年未満の会社			
融資条件				
資金使途	運転資金・設備資金			
融資限度額	3,500万円（融資対象1は自己資金に2,000万円を加えた額の範囲内）			
融資期間	運転資金　7年以内（据置期間1年以内を含む） 設備資金　10年以内（据置期間1年以内を含む）			
融資利率（年率）	責任共有制度の対象となる場合	固定金利	3年以内　　　　1.9%以内 3年超5年以内　2.1%以内 5年超7年以内　2.3%以内 7年超　　　　　2.5%以内	
		変動金利	「短プラ+0.7%」以内	
	責任共有制度の対象外となる場合	固定金利	3年以内　　　　1.5%以内 3年超5年以内　1.6%以内 5年超7年以内　1.8%以内 7年超　　　　　2.0%以内	
		変動金利	「短プラ+0.2%」以内	
返済方法	分割返済（元金据置期間は1年以内）			
融資形式	証書貸付。ただし、融資期間が1年以内の場合は手形貸付とすることができます。			

信用保証料補助	信用保証料の2分の1
その他	「創業関連保証(2,000万円)」および「創業等関連保証(1,500万円)」を併用する場合には2口に分けての申込みとなります。

(令和5年11月末現在)

【参考1：団体信用生命保険への加入】

＜万が一の場合の備えとして重要。契約の時にしか加入できないので注意する＞

　日本政策金融公庫から融資を受ける場合、あるいは信用保証協会の債務保証を伴って融資を受ける場合には、団体信用生命保険に加入することができます。加入しておくと、経営者に万が一のことがあったときに直接、金融機関に対して返済が行われます。

　ただし、借入金返済のためだけの保険であるため、家族の生活費や運転資金などの事業継続のための資金も、別途、民間の保険などにより用意しておく必要があります（P139参照）。また、支払われるのは、死亡および所定の高度障害を負った場合に限られるので、他の場合への備えも必要です。

　家族や従業員のために、民間の保険と併せて加入しておくと良いでしょう。

　なお、加入できるのは融資契約の時だけで、あとから加入することはできないので、手続きを忘れないように注意します。

【参考2：経営者保証について】

＜経営者保証のない融資も拡大。創業促進にも貢献。信頼性の高い財務情報をもとに財務基盤を固めるのが鍵＞

　従前の中小企業に対する融資は、実質的に経営者による個人保証を前提としているため、万が一経営が破綻した場合には、個人財産も債務の弁済にあてられ、債務の額が多額であれば個人破産をせざるを得ないこともあります。創業には未知数の部分があり、成功するとは限らないことを考えると、経営者保証は創業に踏み切るための大きなハードルになっていると考えられます。

　政府としても、経営者保証は、経営者による思い切った事業展開や早期の事業再生を妨げる要因になるなどの弊害があるとの認識のもと、平成25年に「経営者保証に関するガイドライン」を公表し、一定の要件を満たした事業者には、経営者保証を求めないよう促しています。

> **ガイドライン適用のための3つの要件**
> ① 法人と経営者との関係の明確な区分・分離
> ② 財務基盤の強化
> ③ 財務状況の正確な把握、情報開示等による経営の透明性の確保

　また、信用保証協会、政府系金融機関、民間金融機関からなる一般社団法人CRD協会が運営するCRDスコアリングモデル（財務情報等から統計的に倒産確率などを算出した中小企業信用リスク情報データベースを利用した審査支援システム）などを活用し債務者区分の格付けを行い、リスクに応じた融資条件を設定することにより、担保、保証人

に過度に依存しない融資への取組みも行われています（CRDスコアリングモデルは、信用保証協会の審査の際にも利用されています）。

　創業後に経営者保証のない融資を受けるためにも、専門家の支援も受けながら、信頼性の高い財務諸表を作成し、財務基盤の強化につとめていくことが大切であると思われます。

＜スタートアップ創出促進制度の利用。金融機関等に相談する＞

　経営者の個人保証が起業・創業の阻害要因とならないように、経営者保証を不要とする新たな保証制度が令和5年3月より開始されました。

　要件および制度の概要は以下の通りです。金融機関および信用保証協会が窓口となっています。

＜要件＞

創業を予定している方	創業5年未満の法人
・事業を営んでいない個人で、2か月以内に法人を設立し事業を開始する具体的な計画がある ・分社化により別法人を設立して事業を開始する予定の法人	・事業を営んでいない個人が設立した法人で、設立から5年未満である ・分社化により別法人として新たに設立した法人で、設立から5年未満である ・事業を営んでいない個人が開始した事業を法人化し、個人創業時から5年未満である

※創業を予定している方、または税務申告1期未終了の方は、創業資金総額の1／10以上の自己資金が必要となります。

＜制度概要＞

保証限度額	3,500万円	責任共有制度	対象外（100%保証）
対象資金	運転資金、設備資金	申込方法	金融機関経由
返済方法	原則均等分割返済	保証期間	10年以内（据置期間1年または3年以内）
担保	不要	保証人	不要
融資利率	金融機関所定利率	保証料率	各信用保証協会所定の創業関連保証の保証料率に0.2%上乗せ
添付書類	創業計画書（スタートアップ創出促進保証制度用）		

※本保証制度を利用した場合には、原則として法人設立から3年目と5年目に、ガバナンス体制の整備に関するチェックを受け、「ガバナンス体制の整備に関するチェックシート」を金融機関に提出する必要があります。

④　親族および友人知人からの借入れおよび少人数私募債の発行

◆借用書を作成する

　親族や友人知人等の個人から創業資金を借りるときは、貸借の事実が曖昧にならないように、金銭消費貸借契約を交わします。契約書がなく、返済もない状態が続いた場合には、税務調査等において、贈与を受けたものとして課税されないとも限りません。税務トラブルの防止のためにも契約書は作成しておきましょう。

◆貸主が法人の場合には税務上の認定利息に注意

　貸主が法人の場合には、無利息であったり、利率が低すぎる場合には、貸主が借主に通常の利率に基づく金額との差額について寄付をしたものとして扱われ、貸主に認定利息としての課税が行われることがあります。その場合には、貸主にしてみれば、善意で無利息で貸したのに、受け取ってもいない利息相当額について法人税が課せられることになってしまいます。善意の貸主に迷惑をかけないためにも、法人からの借入れの際には金利の取り決めをしておきましょう。

◆少人数私募債の発行

　少人数私募債とは、小規模な社債のことで、勧誘者および社債権者の数を50人未満にしなければならないなどの要件を満たした場合には、簡易な手続きで発行できます。

　親戚や友人知人またはその関係の法人からの借入れは、とかく契約が曖昧となりがちですが、通常の借入れに代えて、少人数私募債を引き受けてもらう場合には、社債募集要綱などにより契約条件が明確になるというメリットがあります。

　ただし、社債とは言っても実質的に借入れと変わりはありませんので、経営者の信用と、根拠のある事業計画に基づく資金計画が大切です。

　知人からの借入れと同様、資金調達は容易ではありませんが、発行に費用がかからず、手続き自体は簡易ですので、知人等からの借入れを考えている場合には、発行を検討してみるのも一案かもしれません。

◆利息は20・315％の源泉分離課税だが、引受者が支配株主の場合には総合課税される

　貸付金の利息は、他の所得と合算され、最高税率が55.945％（所得税・住民税・復興特別所得税）にもなる総合課税の対象となります。これに対し、少人数私募債の利息は20.315％の源泉分離課税の対象であるため、所得に対する税率負担が高い富裕層の人にとっては、税務上のメリットがあります。

　ただし、現在では、税制改正により、同族会社の株主のうち、会社を支配している一定のグループに属する株主が少人数私募債を引き受ける場合には、その利息については総合課税の対象とされており、支配株主にとっての税務上のメリットはなくなっています（支配株主以外の人が支払を受ける場合には、従来通り20.315％の源泉分離課税です）。

【少人数私募債の発行条件】

①	法人であること
②	勧誘者および社債購入者は50人未満であること
③	不特定多数の者に対する募集でないこと
④	社債総額を1口の金額で割った口数が50未満であること
⑤	譲渡制限を設けること（多数の者に譲渡されるおそれを減らすこと）

⑤ 補助金、助成金

① 補助金および助成金の概要

◆原則として返済の義務がないが、先に設備資金等の支払が発生するので、資金難に注意する

　補助金および助成金は、融資と違い、原則として返済の義務がないため、受給できれば効果的な資金調達の手段となります。

　ただし、補助金は、補助金を使った後の報告義務および、利益が出た場合には、実質的に返済義務のあるものもあり、内容をよく吟味した上で検討する必要があります。

　また、通常は設備資金や経費の支払が先に発生し、補助金入金までの

タイムラグがあるため、あらかじめ資金調達および資金繰り計画の際、注意する必要があります。

　なお、補助金は経済産業省管轄のものづくり補助金など事業計画等の審査の上決定されますが、助成金は主に厚生労働省の労務に関する補助金など、要件を満たせば受けられるもので、他に自治体独自の制度もあります。

◆情報の入手が大切、専門家の利用も検討する

　補助金および助成金は、情報を入手しなければ利用することができず、要件を満たしているのにもかかわらず、申込みをしていない企業も多いと思われます。

　また、手続きが煩雑でわかりにくいことも、利用が進まない原因です。中小企業診断士、社会保険労務士等の専門家に相談してみるのも良いでしょう。

◆2020年からオンラインで手続きが完結。事務負担が軽減される

　従来、補助金を申請する際には、紙で申請書を作成した上で窓口を訪問するなどして書類を提出し、決算情報も毎回提出しなければならないなど、その事務負担は小さくなく、このことが、事業者が補助金の申請をためらう理由として挙げられていました。

　そこで、政府は令和2年から、社会保険に関する手続きとともに、補助金の申請手続きについてもオンラインで申請手続きを完結できるようにしています。

　具体的には、Gビズ IDという法人・個人事業主向けの共通認証システムの運用が開始され、Gビズ IDを取得すると、一つの ID・パスワードで複数の行政サービスにログインできるようになっています。現在では、申請方法がGビズ IDによるオンライン申請に限定された補助金や、Gビズ IDによるオンライン申請が審査上有利なものもあり、従来の紙での申請方法から、オンライン申請への移行が行われてきています（補助金申請用のGビズ IDは、専用サイトで登録を行いますが、発効までに一定の

期間が必要なので、申請を考えている方は早めの準備が必要です）。

　これにより、社名や資本金などの情報をいったん登録すれば別の補助金の申請の際にも利用でき、また、会社や本人を証明する書類の提出が省略できるなどのメリットもあるため、時間的余裕のない創業者にとっても、補助金等の申請が行いやすくなっています。

② 創業時に利用できる補助金、助成金
◆各自治体のホームページで確認する

　各自治体において、創業者を対象とした独自の補助・助成事業が行われることがあります。例えば東京都においては、令和5年度において創業5年未満の中小企業者に対し、300万円を限度として、助成対象経費の3分の2以内を助成する創業助成金の募集が行われました。

　今後も各自治体において創業を対象とする補助金、助成金を支給する事業が行われる可能性がありますので、自治体のホームページなどで確認すると良いでしょう。

【令和5年度創業助成金（東京都中小企業振興公社）】

対象者	都内での創業を具体的に計画している個人、創業後5年未満の中小企業者のうち一定の要件を満たす者
助成率	助成対象と認められる費用の3分の2以内
助成限度額	300万円（助成下限額100万円）
助成対象経費	賃借料、広告費、器具備品購入費 産業財産権出願・導入費、専門家指導費、従業員人件費
問合せ先	（公財）東京都中小企業振興公社 事業戦略部 創業支援課 創業助成担当 電話　03－5220－1142

③　その他の補助金、助成金

◆さまざまな種類がある。ミラサポplus^{※1}やJ-Net21^{※2}地方自治体の
　ホームページ等で探し、要件を確認する

　補助金および助成金には、さまざまなものがあり、申請窓口や申請時
期、機関なども多岐にわたります。ミラサポplusやJ-Net21、中小企業
庁、厚生労働省、地方自治体のホームページなどで情報収集を行いまし
ょう。

※1　中小企業庁の委託により運営されている、中小企業、小規模事業者のための情
　　　報サイトで、経済産業省、厚生労働省、地方自治体等の補助金、助成金等の
　　　支援施策などを紹介しています。
※2　中小企業基盤整備機構が運営する、中小企業・創業予定者とその支援者のた
　　　めのサポートサイト。各地域の補助金のほか、都道府県・地域の支援情報を公
　　　開しています。

◆特定創業支援等事業の創業支援セミナーに参加する：補助金の増額な
　どの優遇措置あり

　創業者の知識習得を目的として、国の認定を受けた自治体（市区町村）
が連携事業者とともに創業支援セミナーや個別創業面談を実施する、特
定創業支援等事業があります。

　これらの事業に参加し、出席回数等の一定の条件を満たすと、自治体
から証明書が発行され、証明書に基づき下記のような支援を受けること
ができます。

〈特定創業支援事業の優遇措置〉

・会社設立時の登録免許税の軽減
・小規模事業者持続化補助金における補助上限の増額（創業枠）
・日本政策金融公庫の新規開業貸付資金の貸付利率の引下げ　など

　創業者にとっては、創業についてのさまざまなアドバイスを受けるこ
とができた上に、補助金増額などの優遇措置もあるため、利用も増えて
います。

　なお、詳細は各自治体により異なりますので、条件などを各自治体のホームページで確認した上で、検討しましょう。

【補助金の例】

補助金名	管轄	概要
ものづくり・商業・サービス生産性向上促進補助金	経済産業省	ものづくりやサービスの新事業を創出するための革新的な設備投資やサービス開発、試作品製作等に対する補助金
小規模事業者持続化補助金	経済産業省	小規模事業者等が行う、持続的な経営に向けた経営計画に基づく、販路開拓等の取組みやその取組みと併せて行う業務効率化の取組みを支援するための補助金。インボイス登録により補助上限額が一律50万円増加
IT導入補助金	経済産業省	IT導入を支援するための補助金（通常枠、インボイス枠、セキュリティ対策推進枠、複数社連携IT導入枠）

【助成金の例】

補助金名	管轄	概要
トライアル雇用助成金	厚生労働省	公共職業安定所長が雇用のために試行雇用期間が必要であると認めた人を対象に、常用労働者への移行を進めるために、1月あたり最大4万円（一定の場合には5万円）を限度に最長3か月間支給する助成金
キャリアアップ助成金	厚生労働省	アルバイト、パート等の非正規雇用の企業内でのキャリアアップを促進するため、正社員化、処遇改善の取組を実施した場合に、一定の要件のもとに支給される助成金
雇用調整助成金	厚生労働省	景気減退等の影響で売上が減少した場合に、休業等の一時的な雇用調整により、雇用を維持した場合に一定の要件のもとに支給される助成金

6 クラウドファンディングの活用

① クラウドファンディングとは

◆不特定多数からの資金調達

　クラウドファンディングとは、インターネット上で、事業などに賛同する不特定多数の人々から資金調達を行うことをいいます。

　クラウドファンディングの形態は、資金提供者との関係で、寄付型、購

入型、投資型、融資型に分けられます。

　創業の際には、自社で単独で行うのはノウハウや信用の面からハードルが高いと考えられるため、一般的には、仲介事業者を通して資金提供者を募集することになります。

　なお、自治体によっては、仲介事業者と提携して、事業者に支払う手数料の補助を行うなど、クラウドファンディングを活用した資金調達の支援を行っています。

【クラウドファンディング体系図】

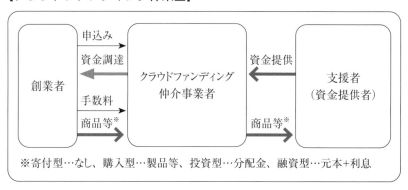

※寄付型…なし、購入型…製品等、投資型…分配金、融資型…元本+利息

【クラウドファンディングの形態】

形態	特徴	サイト・運営業者の例
寄付型	資金提供に対する見返りがない	GoodMorning (㈱CAMPFIRE)
購入型	資金提供額に応じた商品やサービスを受ける	READYFOR (READYFOR㈱)
投資型	資金提供額に応じて投資利益の分配等を受け取る。金融商品取引法の規制あり	FUNDINNO (㈱ FUNDINNO)
融資型	資金提供額に応じて、融資金利による利益の分配を受ける。金融商品取引法の規制あり	Owners Book (ロードスターインベストメンツ㈱)

② 創業時における活用

◆小口資金の提供を受ける。広告宣伝やテストマーケティングにも利用できる

　クラウドファンディングは、インターネットの普及に伴い、製品やサービスについて独創的なアイディアを持っているが資金がない場合などに、インターネット上で不特定多数の者から主に小口の資金提供を受ける手段として、近年、注目を集めています。

　また、資金調達のみならず、新製品や新店舗の事前PRを行うなどの広告宣伝効果や、テストマーケティングの場としての利用などにも効果的です。

　手続きを代行してくれる業者が増加し、募集が容易になったことで、今後は創業時における利用も増えてくると思われます。

◆寄付型は社会貢献活動向き

　寄付型の場合は、社会貢献活動などを行う非営利法人等が行う場合に向いており、寄付する側にとっても、プロジェクトの透明性が、比較的確保されるため、資金提供を行いやすいと言えます。被災地支援などの事業においても利用されています。

◆購入型は製品等の独自性が大切

　購入型は、資金提供者が、製品開発等のプロジェクトに出資することにより、開発が完了した製品等を出資額に応じて分配する仕組みであり、出資者に、事前に資金を供給してでも欲しいと思わせる、特徴のある商品やサービス等のリターンを用意できるかがポイントとなります。

　資金調達の手段だけでなく、製品や店舗等を事前に不特定多数の消費者に広くアピールすることになるため、広告宣伝としての効果が見込めます。

　また、資金提供者が多ければ、市場に受け入れられる可能性が高いと判断できるため、テストマーケティングの場としても利用できると考えられます。

◆投資型は小口の出資を募る手段として有効

　投資型については、事業に対して投資を募るため、事業計画や製品の紹介により、事業の将来性があると見込まれる場合に投資を受けられることになり、小口資金の出資を募る手段となります。

　また、事業計画を作成し、製品等の特徴について、不特定多数の投資家向けに、インターネット上でアピールを行うため、事業計画が整備でき、また、購入型と同様、一定の広告宣伝の効果も見込めます。

◆融資型は金利負担を上回るリターンが必要

　融資型は、匿名組合契約により事業者が投資家から集めた資金を、融資を受けたい企業へ貸し付け、返済を受けた元本と利息を投資家に対して分配します。

　投資家にとっては比較的リスクの高い投資となり、通常は金融機関からの借入れよりも金利が高くなるため、融資を受ける創業者等にとっては、高い金利負担を上回る事業のリターンがなければなりません。

　一般的には、日本政策金融公庫等の創業融資や自治体の制度融資の方が条件が良いので、開業資金調達の際には、まず公庫等の創業融資を検討します。その後、公庫等において開業資金を確保した後、新事業のための資金として、対象事業を限定して募集することなどが利用方法として考えられます。

◆自治体の支援制度もある

　クラウドファンディングには自治体も注目しており、例えば東京都では、東京都内に本店を置き、事業を行う中小企業者を対象として、「クラウドファンディング活用助成金」の制度を設け、創業希望者が取扱事業者に支払う手数料の半額（上限40万円または50万円）を補助するなどの支援を行っています。

　対象となるプロジェクトは、下記の4つに区分されており、別のプロジェクトで、かつ違う製品・サービスであれば、年度内1回ずつ（最大4回）申請できます。

区分	実施プロジェクト	助成率	助成限度額
CF活用区分	a創業者が実施したプロジェクト b新製品・新サービスの創出に挑戦 cソーシャルビジネスを行う者が実施したプロジェクト dソーシャル・コロナ特例	1/2 （dのみ 2/3）	40万円 （dのみ 50万円）
HTT・ゼロミッション区分	HTT・ゼロミッションに資する新製品・新サービスの創出に挑戦	2/3	50万円
DX活用区分	デジタル技術を活用した新製品・新サービスの創出に挑戦	2/3	50万円
事業再構築区分	事業の見直し・再構築にチャレンジし、事業の継続・発展を図るプロジェクト	2/3	50万円

＜問合せ先＞
購入・寄付を通じたCFによるプロジェクト支援事務局（運営：銀座セカンドライフ株式会社）
電話03-6403-9225【受付時間】月曜〜金曜（祝日を除く）9:00 〜 17:00

◆自治体と日本政策金融公庫の連携。融資と合わせて支援

　東京都は日本政策金融公庫（東京ビジネスサポートプラザ）と連携して、事業計画作成支援や融資制度の紹介なども併せて、創業希望者への支援を行っています。

　融資とクラウドファンディングを併用することで、より創業の実現可能性が高まり、今後、新たな資金調達の手段として利用されることも多くなってくると考えられます。

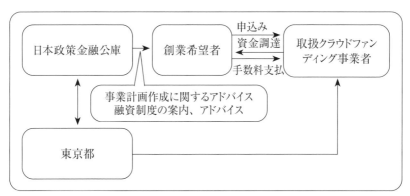

＜制度に関する問合せ先＞
東京都産業労働局金融部金融課　電話03-5320-4804

【各資金調達方法の長所および短所のまとめ】

	長所	短所
自己資金	● 返済の必要がなく、安全性が高い	● 必要な額を貯蓄するのに時間がかかりビジネスチャンスを逃してしまうおそれがある
出資	● 返済の必要がなく、安全性が高い	● 議決権比率が低下すると、経営権の安定性および意思決定の迅速性等が損なわれるおそれがある ● 第三者から必要な額の出資を得るのは容易ではない
融資	● 他の方法に比べ、比較的迅速にかつ容易に、調達できる ● 開業後においても、必要な時に必要な額を調達しやすい	● 返済をしなければならず、過大になると、財務安全性が低下することになる ● 金利負担がある ● 返済に行き詰まると倒産のリスクが生ずる
補助金、助成金	● 原則として返済の必要がない ● 補助金の採択を受けられると、会社や事業のアピールにつながる	● 申請をするのに費用および時間がかかる ● 入金までに時間がかかる ● 調達できる額が比較的少額 ● 調達できる要件が限られている ● 設備資金等の前払が発生するため別途、資金調達が必要となる ● 調達後も定期的に報告が必要など、事務負担が増加する
クラウドファンディング	● 寄付型であれば返済の必要がない ● 購入型の場合には製品開発が完了してから引き渡せばよいため、資金を十分に活用できる ● 投資型の場合には事業から利益が上がった場合に分配すれば良いため、返済のリスクがない ● 広く事業をアピールするため、広告宣伝の効果がある	● 創業時においては、事業によほど特徴がなければ、資金調達は容易ではなく、調達できる額が限定的である場合が多い ● 必要な時に、必要な額が調達できるとは限らず、資金計画を立てるのが難しい ● 自社で行う場合には、システムづくりに手間および費用がかかる ● 外部の仲介業者を使うと手数

●仲介業者の数が増加傾向にあり、実績のある大手の仲介業者が増えてきている ●仲介業者に依頼すれば、比較的容易に始められる ●業者の手数料について自治体の助成が受けられる場合がある	料が発生する ●貸付型の場合には通常の融資に比べ、金利負担が大きい

⑦ 認定経営革新等支援機関の活用

◆中小企業の経営支援を行うため、国が認定した機関

　認定経営革新等支援機関とは、「中小企業等経営強化法」に基づき、中小企業の経営支援を行うため、専門的知識や実務経験を有する者を国が認定した機関で、金融機関、公認会計士、税理士などが多く認定を受けています。

　認定経営革新等支援機関は、中小企業の財務状況等の経営の状況に関する調査・分析、事業計画の策定および実行支援、信頼性のある計算書類等の作成および活用支援などを行うほか、中小企業支援施策と連携して補助金や融資制度、税制の特例などを活用するための支援も行っています。

◆支援を前提とした融資、補助金、税制優遇の制度がある。資金調達の際にも活用する

　認定経営革新等支援機関の支援を前提とした、融資や補助金、税制の優遇措置などがあり、創業時においても利用できる場合があるので、資金調達の手段等として検討します。

【認定経営革新等支援機関の活用により利用できる主な制度】

	制度	概要
融資	中小企業経営力強化資金（日本政策金融公庫）	**対象者** ● 新たに事業を始める、または事業開始後おおむね7年以内の中小企業者（新たに営もうとする事業について、適正な事業計画を策定しており、当該計画を遂行する能力が十分あると認められる場合に限る） **要件** ● 「中小企業の会計に関する基本要領」または「中小企業の会計に関する指針」を適用しているまたは適用予定であって、自ら事業計画書の策定を行い、中小企業等経営強化法に定める認定経営革新等支援機関による指導および助言を受けていること **融資限度額** 7,200万円（うち運転資金は4,800万円） ※一定の要件のもとに金利の優遇が受けられる。
信用保証	経営力強化保証制度（信用保証協会）	**対象者** ● 中小企業者 **要件** ● 認定経営革新等支援機関の支援を受けつつ、自ら事業計画を策定・実行し、その進捗を金融機関に対して四半期ごとに報告すること等。 **保証料減免率** ● おおむね▲ 0.2%
補助金	事業再構築補助金	**対象者** ● 日本国内に本社を有する中小企業者および中堅企業等 **要件** ● 事業再構築指針に示す「事業再構築」の定義に該当する事業であること ● 事業計画について認定経営革新等支援機関による確認を受けていること ● 補助事業終了後3～5年で、付加価値額の年率平均等が申請類型により指定された割合以上増加する見込みの事業計画を策定すること ● その他申請類型ごとの要件を満たすこと **補助上限額・補助率**

補助金		●成長枠：上限7,000万円・1/2または1/3 ●最低賃金枠：上限1,500万円・3/4または2/3 （その他「グリーン成長枠」「産業構造転換枠」「サプライチェーン強靱化枠」「物価高騰対策・回復再生応援枠」がある） ※1）令和5年度補正予算において本事業を再編し、「中小企業省力化投資補助事業」を実施予定 ※2）既存の事業再構築補助金は、必要な見直しを行ったうえで、継続予定
	経営改善計画策定支援補助金 （中小企業活性化協議会）	対象者 ●中小企業者 要件 ●認定支援機関の支援を受けて事業計画（経営改善計画）を策定すること等 補助上限額・補助率 ●上限200万円、専門家への支払費用の3分の2
税制	中小企業経営力強化税制	対象者 ●中小企業等経営力強化法に基づく経営力向上計画の認定を受け、一定の生産性向上設備、収益力強化設備、デジタル化設備、経営資源集約化設備を取得した一定の中小企業 対象期間 ●令和7年3月までの取得 対象設備 ●機械装置（160万円以上） ●工具（30万円以上） ●器具備品（30万円以上） ●建物付属設備（60万円以上） ●ソフトウェア（70万円以上） 優遇措置 ●即時償却または10%税額控除（資本金3,000万円超1億円以下の法人は7%）
	生産性向上特別措置法に係る固定資産税の課税標準の特例	対象者 ●認定経営革新等支援機関等の事前確認を受けた先端設備等導入計画に基づいて要件に合う固定資産を取得した一定の中小企業者

税制		
		対象期間 ● 令和7年3月までの取得 **対象設備・要件** ● 年平均の投資利益率が5％以上となることが見込まれることについて、認定経営革新等支援機関の確認を受けた投資計画に記載された投資の目的を達成するために必要不可欠な設備 ● 機械および装置（最低取得価額160万円以上）、器具備品（同30万円以上）、建物付属設備（同60万円以上） ● 先端設備等導入計画記載の直接当該事業の用に供する設備の導入によって労働生産性が年平均3％以上向上することが見込まれること **優遇措置** ● 固定資産税の課税標準を3年間にわたり1/2に軽減。 ● 従業員に対する賃上げ方針の表明を計画内に記載した場合は、令和6年3月末までに取得した場合は5年間、令和7年3月末までに取得した場合は4年間にわたり1/3に軽減。

II 銀行口座の開設

◆金融機関には種類がある。目的に応じて選ぶ

　創業の際には、金融機関に口座を開設する必要がありますが、金融機関にはさまざまな種類があります。場所だけでなく、目的などに応じて選びます。

1 金融機関の種類と選定基準

① 種類

　ア. 都市銀行

　主に大都市に本店を置き、全国的規模の事業展開を行う銀行です。

　全国に支店が数多くあり、ほとんどの会社および個人が口座を持っており、ATMも全国に多数設置されているため、利便性が高いという特徴があります。

　イ. 地方銀行

　地方都市に本店を置き、本店所在地の地方を中心に事業展開を行う銀行です。都市銀行に比べ、大口取引は少なく、地元の中小企業や個人をメインとした小口取引を主体に営業を行っており、地元の中小企業にとってはきめ細やかな対応が期待できる銀行です。

　ウ. 信用金庫

　中小企業や個人の会員が出資する、非営利の協同組織です。地域内に住所、事業所等を有する者を対象とし、事業者については、従業員300人以下または資本金9億円以下が対象です。

　融資は原則として会員を対象としていますが、預金口座の受入れ相手については、制限がありません。

　エ. 信用組合

　小規模事業者や個人の組合員が出資する、非営利の協同組織です。

　地域内に住所または住居を有する者を対象とし、従業員300人以下または資本金3億円以下の事業者が対象です。

融資や預金の受入れは、原則として、組合員のみを対象としています。

オ. ネット銀行

営業上、店舗をまったく持たないか、必要最小限の店舗のみを有し、インターネット等の取引端末を介した取引を中心とする銀行です。

PayPay銀行、ソニー銀行、楽天銀行などが代表的で、基本的には店舗を持たず、預金通帳を発行しないので、人件費などのコストを抑えることができます。そのため、都市銀行などと比べ預金金利が高く、また振込手数料が安く基本使用料もかからないなど、**創業時の中小企業にとっては、コストを削減できるのが最大の利点**です。

② 選定基準

◆日々の業務用に都銀か地銀、融資等の相談用に信金または信組

都市銀行や地方銀行は支店やATMの数が多く、取引先も口座を持っている可能性が高いため、日々の現金の引出し、請求や決済業務のために、ATM手数料や振込手数料の負担を考え、一口座は持っておいた方が便利です。

信用組合や信用金庫は、会員や組合員の相互扶助のための金融機関であるため、融資等の相談には都市銀行や地方銀行に比べ親身になってくれると考えられます。したがって、資金調達が容易ではない中小事業者としては、口座を開設しておくと良いでしょう。

ただし、口座の数が必要以上に多いと事務処理が煩雑になるので、創業当初は、都市銀行か地方銀行に1口座、信用金庫か信用組合に1口座、振込などが多く、コストを重視する場合にはネット銀行に1口座程度に留めておきます。

2 口座開設申込み

◆設立登記完了後、速やかに行う。個人の場合は屋号の口座をつくる

会社の設立登記が完了したら、登記事項証明書、認証済みの定款、会社実印、銀行印用の印鑑、印鑑証明書、身分証明書などを持参して、銀行口座を開設します。なお、登記事項証明書は設立登記完了後（会社設

立申請後1〜2週間後くらい）まで取得できないため、口座開設もその分設立日より遅れることとなります。

　また、個人事業者については、既存の口座も使えますが、プライベートのお金と事業のお金の区分を明確に行うため、専用の口座を設けた方が良いでしょう。その際には、個人名の前に屋号を入れた口座名にすると、よりわかりやすくなります。

◆口座には種類がある。まずは普通預金があれば良い

　口座には普通預金、当座預金、定期預金などがあります。小切手や手形取引を行う際には当座預金が必要ですが、当座預金を開設するには審査があります。小切手や手形取引を行う予定がないのであれば、当面は普通預金で十分です。

　なお、余剰資金ができた場合には、定期預金に入れておくと、普通預金よりは若干金利が高く、銀行に対する取引実績としても、融資審査等の場合に良い影響があると言われています。

【銀行預金の種類】

種　類	内　容
普通預金	ATMなどで、いつでも自由に引出しができ、銀行振込みや口座振替などの決済取引で使われる、最も一般的な預金で、低い利率ながら利息も付く
当座預金	企業が、小切手・手形の決済用預金として利用する。利息は付かないが、銀行の破綻時にはペイオフの対象外で、その全額が保護される
定期預金	契約した一定期間内、引出しをしないことを条件に、普通預金よりも若干高い利息が付く預金
納税準備預金	国税や地方税を納税するための預金。利息は通常、普通預金よりは高く、非課税。引出しは原則として納税の際に限られている

◆口座開設には審査がある

　銀行口座は原則として本店所在地や事業所の最寄りの支店でないと受

け付けてくれません。また、受け付けてくれたとしても口座を開設するには銀行の審査を通らなければなりません。

　法人の口座開設をスムーズにするには、個人で取引実績がある方が良いので、本店所在地等の最寄りの支店に早めに個人口座を開設し、設立時の資本金の預入れをその個人口座で行うなどの取引実績をつくっておいた方が良いでしょう。

III 財務管理

1 経理

① 経理とは

◆経理の仕事は多岐にわたる。できる限りシンプルに

　経理とは、一言で言えば「お金の管理」を行うことですが、小口現金や銀行預金の出納管理から、売上の請求書の発行および売掛金管理、買掛金の管理、給料計算、総勘定元帳の記帳などの日々の業務から、決算書の作成等まで、多岐にわたります。

　経理システムは、経理担当者にしかわからないような複雑なものでなく、なるべく簡便なものにするようにします。

　会社のお金の流れは誰の目から見ても明瞭な方が良く、また経理の情報は、経営者への経営管理のための大切な情報源となるため、事務負担の軽減、ミスや不正の防止のためにも、事務の合理化を追求し、できる限りシンプルにすることが大切です。

◆創業時の経理はなるべく簡略化する

　創業時には、間接部門にかかる経費をできるだけ抑えたいところですので、会社が経理専門のスタッフを雇用することはまれで、兼任、あるいは創業者自身が行うこともあります。

　その際には、限られた時間をなるべく製品開発や営業などの会社本来の業務に充てるため、会社規模の小さいうちは、経理業務はなるべく簡

略化します。

【創業時の簡単な経理業務の例】

①領収書保管用、支払の請求書保管用の箱（引出し）を用意し、入手したら日々収納する。

②小口現金は使わず、日々の支払は創業者が立て替えておき、入手した領収書を保管用の箱に入れておく。

後日、領収書等をA4用紙等に貼付けした上で集計し、まとめて預金から引き出す（領収書の貼付けおよび集計は会計事務所等への委託もあり）

③銀行預金は通帳に支払および入金の内容を記載しておき、銀行帳の代わりにする。

④仕入代金など銀行振込みの支払は、請求書入れにまとめておき、振り込んだら振込済印を押し、振込明細書をホッチキス留めして支払請求書ファイルに綴じる。

⑤売上請求書は、請求書を取引先に発送したら、発送した日付を記載し、売上請求書ファイルに綴じる。取引先から入金されたら入金済印を押し、入金日を記入する。

⑥総勘定元帳の記載、売掛金、買掛金の残高管理等は会計事務所等へ委託する（売掛金の未回収の情報は早めに入手し、速やかに督促を行う）。

◆**当初は創業者自身が行ってみる。経理の感覚を養うことも経営上重要**

経理業務を、会社の規模が小さいうちに創業者自身が経験しておくことは、将来、業務量が増え、担当者に任せるようになった後においても、経理業務について理解することが容易になり、経営管理にとても役立つことになります。

当初から人任せにせず、ぜひ一通り、自身で行ってみることをお勧めします。

② 現金預金の管理

◆**小口金庫を設け、現金出納帳を記帳する**

最も簡単な経理の例では、小口現金は使用しませんが、少しずつ規模が大きくなってくると、いつまでも創業者自身が小口の買物や精算をし

ているわけにもいきません。

　その際には、現金は「小口現金」として、日々の小口経費の精算用に会社の金庫に保管し、経理の小口支払担当者が出納事務を行います。

　小口現金の管理のために小口現金出納帳を記帳し、日々、帳簿の残高と金庫の残高を合わせます。

　小口現金の残高は、多すぎると紛失や盗難のリスクが高まりますが、少なすぎると補充の手間が増えることになります。精算の実態に合わせ、定額資金前渡制度※などを採用し、程良い残高に設定します。

※定額資金前渡制度とは、一定期間に必要な資金を見積もって小口支払担当者に預け、一定期間後に小口支払担当者からの報告を受けて、支払が行われた金額を補充する方法です。

【小口現金出納帳の例】

> 決算書上の勘定科目
> 支払先と内容を記載
> 領収書にインボイスの記載がない場合に記載

5年 月　日	科目	摘要	インボイス 無し	収入 金額	支払 金額	差引 残高
		前月より繰越				23,516
10月1日	消耗品費	○○ドラッグ　洗剤、ティッシュ			1,318	22,198
10月3日	会議費	カフェ○○　打合せ			1,000	21,198
10月4日	旅費交通費	東急　自由が丘⇔渋谷			300	20,898
10月9日	接待交際費	和食処○○　10/5○○接待	✓		15,000	5,898
10月9日	普通預金	預金引出し		94,102		100,000
10月12日	通信費	郵便局　切手代@84×30枚			2,520	97,480
10月15日	事務消耗品	○○文具　文房具代			1,920	95,560
10月18日	旅費交通費	○○無線　タクシー代			2,680	92,880
10月22日	図書教育費	○○書店　専門書	✓		5,830	87,050
10月26日	接待交際費	居酒屋○○　10/25○○接待			12,930	74,120
10月29日	租税公課	郵便局　印紙代@200×6枚			1,200	72,920
10月31日	接待交際費	○○花代　○○への			5,400	67,520
		計		94,102	50,098	67,520
		次月への繰越				

> 精算日

> 残高が10万円になるように補充

> 実際の接待日、接待先等

> 金庫の実際残高と一致するか確認する

◆現金管理はとても大切。日々の記帳および確認を怠らないように

　銀行預金は、金融機関という外部の者がお金を預かり通帳に記帳するため、比較的、管理の安全性は高いと言えます。

　それに対して、現金は、会社で保管し会社で管理するものなので、管理をおろそかにした場合には、残高が帳簿と合わず使途不明金が生じたり、会計の信憑性が疑われることにもつながります。

　また、着服や横領等のリスクもあり、税務上においても不適正な現金管理は、青色申告の取消し等の事由に該当することもあります。

　それを防止するためには、日々現金出納帳の記帳を行い、金庫の残高のチェックを金種表を用いて行い、確認した書類を保管するようにします。

◆小口現金は小口経費の支払のみ。売上金の入金等は、そのまま銀行預金へ預け入れる

　金庫の残高が大きくなると、紛失や不正のリスクが高まります。あくまでも「小口現金」は経費の支払用として使用し、売上金の入金などを現金で受け入れた場合には、売上金には手を付けず、そのままの金額で預金通帳に預け入れるようにします。

　決して、小口現金が足りないからと言って、売上金の中から経費等の支払等を行うことのないよう注意します。

　売上金の中から精算することを認めると、会計処理が複雑になり、いずれ、不明瞭な会計や不正につながるリスクが大きくなります。

　経理に携わる人の多くは、途中から方法を変えるのに難色を示します。最初が肝心ですので、現金管理のルールを決めて、経理には徹底させるようにしましょう。

◆預金の帳簿は通帳への記載で足りる。支払内容と原本のチェックを定期的に行う

　銀行預金についても、現金出納帳のように預金出納帳を記帳する場合もありますが、銀行の発行する通帳があるため、通帳に支払内容を記載

して、対応する請求書などを保管し、すぐに突合ができるようにしておけば十分です。

　預金出納帳を記帳するのであれば、会計ソフトを導入し、預金出納帳の記帳と同時に総勘定元帳等の記帳も行われるようにします。

　なお、預金出納帳を記帳した場合でも、不正防止のため、必ず定期的に通帳原本との突合を、経営管理者あるいは会計事務所等、記帳担当者以外の者が行うようにします。

◆入手した領収書等がインボイスの要件を満たしているか確認する

　消費税の課税事業者にとっては、支払先がインボイス発行事業者であるかどうかは重要です。

　請求書等が法定の記載事項を満たしていない場合には、消費税申告の際の計算において仕入税額控除ができなくなり、その影響は小さくありません（一定期間経過措置があります）。

　そのため、支払の際に入手した請求書や領収書等にインボイスの登録番号が記載されているか、消費税率および消費税額の記載がされているかなど、法定の記載要件を満たしているかをその都度確認する必要があります。

　インボイス発行事業者でない支払先から入手したものである場合には、経理に提出する際に付箋を貼るなどの一定のルールを作った上で、明確に区分し記帳します。

　会計ソフトを使用して記帳する場合には、通常、領収書等にインボイスの記載がない旨を入力する欄がありますが、会計事務所へ記帳を依頼する場合には、出納帳等に目印を付ける等の方法により対応します。

　なお、簡易課税制度または経過措置である2割特例（令和8年9月30日の属する課税期間まで）を採用する場合には、売上税額の一定割合を控除する計算方式のため、上記区分は必要ありません（P101参照）。

③　売掛金の管理

◆**売掛金管理**は重要。**台帳を記帳する。販売管理ソフトを使うと簡単**

　売掛金は取引先ごとの売掛台帳を記帳することにより管理します。売上の発生と入金を記帳し取引先ごとの残高を把握しますが、市販の販売管理ソフトなどを利用すると合理的です。請求書の発行を行うと自動的に発生の記帳が行われ、入金の情報を入力すると取引先ごとの残高も把握できます。

　取引先ごとの詳細な帳簿に加えて、売掛金の取引先ごとの月次合計額について、増減の一覧表を作成すれば、異常な増減の有無などのチェックが容易となりますが、販売管理ソフトを使用すると、どちらの書類も一度に作成できます。

　また、会計ソフトと連動させれば、預金出納帳から入金情報が自動的に転記され、同時に総勘定元帳の記帳も行われますので、事務処理の負担が軽減するばかりでなく、正確性も高まります。

　ある程度の規模になったら、導入を検討すると良いでしょう。

【売掛金台帳の例】

甲株式会社

5年 月　日	品名	数量	単価	売上金額	受入金額	差引残高
	前月繰越					32,400
10/1	販売管理ソフト○○	1	54,000	54,000		86,400
10/15	給与計算ソフト○○	1	64,800	64,800		151,200
10/31	普通預金入金				32,400	118,800

出荷日等

入金日

残高の内訳が適正か、必ず確認する

【販売管理ソフトの利用】

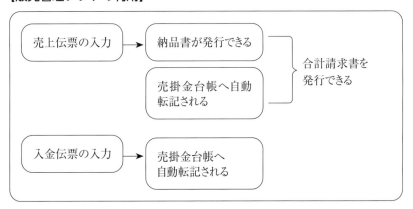

◆売掛金残高の内訳を確認する。入金遅延の場合には速やかに督促する

　商品は掛売上の場合には、販売しただけでは資金とはならず、回収することによってはじめて、支払のための資金として利用できることになります。

　通常は取引の締日と支払期日を契約により定めますが、現在残っている売掛金が、いつ発生したものかを把握し、入金期日を経過しているものがないかを売掛金台帳により確認します。

　入金が遅延している場合には、取引先に対し、速やかに督促を行います。

◆多額の回収遅延は黒字倒産の原因。不良債権化を防止する

　売掛金の回収遅延や貸倒れは、会社の資金繰りに重大な影響を与えます。

　売掛代金が未回収であっても、仕入代金や人件費等の経費、利益に対する法人税や売上に対する消費税などの支出が発生するため、キャッシュフロー上は入金がないのに支出だけが発生しているという深刻な状態となってしまうからです。

　創業時には、まず販売して売上を上げることに力を注がなければならないため、売掛金の入金管理などの管理面が緩くなりがちです。

　仮に、会計上、利益が出ているのにお金がないという状態が続くと、いわゆる黒字倒産ということにもなりかねません。

　売掛金の管理は現金管理とともに、企業の存続のためにとても大切な業務ですので、限られた時間のなかであっても、日々、適正に行うようにしましょう。

④　在庫の管理

◆原価管理のために、棚卸は期中も行う

　売上原価は在庫金額がわからなければ算出することができません。

　したがって、期中において損益を把握するためには、期中において棚卸をする必要があります。

　棚卸の方法には、帳簿棚卸と実地棚卸があります。

◆過剰な在庫は資金繰り悪化の要因。不良在庫になってしまったら早めに処理

　在庫は売れ残った期間が長くなれば、品質が劣化しあるいは陳腐化し、その資産価値を毀損してしまい、いわゆる不良在庫となってしまうことがあります。不良在庫は不良債権と同様、資金繰りを圧迫する深刻な原因となりますので、在庫数などのコントロールについて、管理精度を向上させることにより、発生を最小限に食い止める必要があります。

　それでも不良在庫が発生してしまった場合には、なるべく早く処理を行います。

　処理の方法としては、損をしてでも在庫処分セールなどで売却できれば、それが一番良い方法となります。売却もできない場合には、評価損の計上を検討しますが、税務上、評価損を計上できる要件は限られているので、注意します。

　なお、まったく売れる見込みのないときは、やむをえず廃棄を行うこととなりますが、その際には、税務トラブル防止のため、業者に頼んだ場合には廃棄証明を入手し、自社で廃棄した場合には、廃棄についての社内の稟議書を記載するなど、廃棄が適正に行われた旨の記録を残した

上で会計上の償却を行います。

◆決算時は、必ず実地で確認する

　棚卸は、毎月実地で行うのが望ましいですが、金額が小さいなど重要性が低い場合には、期中については帳簿棚卸のみでもかまいません。ただしその場合でも、決算月と中間決算月、できれば四半期ごとには、実地で確認するようにします。

　実地棚卸を行った結果、帳簿棚卸と数字が合わない場合には、原因を検証し、対策を講じると同時に、減耗損や評価損を計上するなどにより、会計処理に反映します。

⑤　買掛金の管理

◆買掛金台帳により残高の管理を行う

　買掛金台帳は、取引先ごとに買掛金の管理をするために記帳しますが、買掛金の発生は原則として納品書を基に、納品の都度記帳し、合計請求書が送付されて来たら記帳された台帳と突合します。また、買掛金の減少は、支払の都度、減少欄に記載し、記載後の残高が適正か確認します。

　ただし、創業当初で取引数も多くない場合には、日々納品書をファイリングしておき、合計請求書が来た段階で納品書と突合した上で支払を行うという方法で、買掛金台帳の記載は省略することもあります。その場合には、買掛金の残高については、会計ソフトの買掛金勘定に仕入先ごとの補助科目を設けて管理するか、あるいは会計事務所へ確認を依頼しても良いでしょう。

　なお、取引量が増加し、重要性が高くなってきた場合には、売掛金管理と同様に購買ソフトを使用します。会計ソフトと連動することによって管理の合理化を図れるとともに、原価管理のデータも作成することもできるようになり、経営管理においても有効です。

⑥　会計帳簿の記帳

◆会計ソフトを使う。インボイス、電子取引にも有用

　経理において記帳すべき会計帳簿には、仕訳帳、総勘定元帳などがありますが、通常は会計ソフトを利用して作成します。

　会計ソフトには、通常の仕訳入力機能のほか、現金出納帳、預金出納帳を作成する機能もあり、現金管理および預金管理に利用できます。

　また、出納帳に入力すると、総勘定元帳にも自動で転記され、現預金以外の取引の仕訳を追加すると、試算表まで作成できるようになっています。

　なお、会計ソフトの導入は、インボイス制度や電子帳簿保存法への効率的な対応のためにも有効な手段となります。

◆会計記帳は自社ですべて行うか、会計事務所に一部またはすべてを依頼する方法がある

　自社ですべて記帳し試算表まで作成する場合には、日々記帳した出納帳のデータに、売掛金の発生や買掛金の発生など、現金および預金出納帳に記帳されない項目を追加入力し、毎月の月次試算表を作成します。

　また、現金および預金の管理のみ会計ソフトで行う場合には、現金および預金出納帳の入力を行い、そのデータおよびその他の資料を会計事務所に渡して、月次試算表の作成を依頼することもできます。

　創業当初、従業員を雇わず、創業者が1人で開業する場合には、請求書の発行や支払等の基本業務のみ自身で行い、総勘定元帳の記帳および月次試算表の作成等は、すべて会計事務所に任せるということもできます。

　自身の創業の規模や形態によって、会計事務所と相談して決めるとよいでしょう。

◆インボイス制度および電子帳簿保存法に対応する

　令和5年10月1日よりインボイス制度の運用が開始され、また、令和5年12月31日に電子帳簿保存法の宥恕措置が終了したことにより、令和6年1月1日より電子取引情報の電子保存が義務化されました。

　税務上の要件を満たすために、経理処理においても一定の対応をする

必要があります。

　以下、制度の概要について解説します。

◆インボイス制度

　消費税に関する制度であり、売り手である事業者は、インボイス発行事業者の登録を行い、登録番号その他の法定の記載要件を満たした請求書、領収書等（「適格請求書」といいます）を買い手に交付します。

　そして、買い手である事業者は、消費税の申告納税額の計算に際し、適格請求書の保存を要件として、仕入税額控除が認められる制度です（登録方法等の詳細は第5章を参照）。

　なお、事業者の負担に考慮して、下記のような事務負担軽減措置および経過措置が設けられています。

【主な事務負担軽減措置】

　下記の場合には、インボイスの保存に代えて、一定事項を記載した帳簿のみの保存でよいこととされています。

公共の鉄道、バス、船舶の運賃（3万円未満のものに限る）
記載事項の要件を満たす入場券等で、使用の際に回収されるもの
自動販売機での購入（3万円未満のものに限る）
郵便切手を対価として受ける郵便サービス（郵便ポストに差し出されたものに限る）
従業員等に支給する通常必要とされる出張旅費等（出張旅費、宿泊費、日当および通勤手当）
1万円未満の値引き等について、返還インボイスの交付免除

【参　考】

IT導入補助金（インボイス枠）の利用

対象設備	補助上限額	補助率
インボイスに対応した会計・受発注・決済ソフト	350万円	50万円以下：3/4、4/5 50万円超350万円以下：2/3
PC・ハードウエア等	PC・タブレット等：10万円 レジ・券売機等：20万円	1/2

【主な経過措置】

経過措置	要件等	期　　間
納税額を売上税額の2割に軽減	免税事業者がインボイス発行事業者になった場合	令和8年9月30日を含む課税期間まで
1万円未満の少額取引についてのインボイス保存不要制度	基準期間の課税売上高が1億円以下または特定期間の課税売上高が5千万円以下の事業者	令和11年9月30日まで
免税事業者等からの課税仕入れにつき80%控除可能	一定の請求書等とこの経過措置の適用を受ける旨を記載した帳簿の保存が必要	令和8年9月30日まで
免税事業者等からの課税仕入れにつき50%控除可能	一定の請求書等とこの経過措置の適用を受ける旨を記載した帳簿の保存が必要	令和8年10月1日から令和11年9月30日まで

◆電子取引情報の電子保存義務化

　申告所得税・法人税に関して帳簿・書類を保存する義務のある事業者が、注文書・契約書・送り状・領収書・見積書・請求書などに相当する電子データをやりとりした場合には、その電子データ（電子取引データ）の保存が義務化されました。

　具体的には、電子データにより得意先へ送った請求書等、または仕入先から受け取った請求書等については、出力した紙の保存ではなく、例えばPC上に事業年度ごとのフォルダを作成し検索可能な状態でデータを保存する等、電子データとして保存しなければならなくなりました。

【電子取引の例】

電子メールによる請求書等の送受信
公共料金の請求書等のインターネットでの入手
インターネットサイトでの物品購入利用明細の電子データでの入手
ネットで購入した航空券、切符代等の立替金の精算
クレジットカード利用明細のインターネットでの入手
1万円未満の値引き等について、返還インボイスの交付免除

なお、以下の要件を満たすように保存する必要があります。

【電子取引データ保存の要件】

要　件	具体的方法（下記のいずれか）
改ざん防止措置をとる等（保存要件）	・改ざん防止のための事務処理規程を定める。 ・タイムスタンプを付与。 ・訂正・削除の履歴が残るシステム等での授受・保存を行う。
「日付・金額・取引先」で検索できるようにする（検索要件）	・表計算ソフト等で索引簿を作成。 ・規則的なファイル名を付す。

◆**保存要件の猶予措置、検索要件の特例措置がある**

　事業者の負担を考慮して、以下の負担軽減措置が設けられています。

措　置	要　件
保存要件の猶予措置（保存要件にかかわらず、電子保存を認める措置）	納税地の所轄税務署長が、保存要件に従って保存できなったことについて相当の理由があると認め、かつ、電磁的録のダウンロードおよび出力書面の提示の求めに応じることができること。
検索要件の特例措置（検索機能の確保を不要とする措置）	2期（年）前の売上高が5千万円以下であって、税務調査の際にデータのダウンロードの求めに対応できること。

◆**電子帳簿・スキャナ保存も検討する。ペーパーレス化や手作業の減少により事務の効率化にも貢献**

　電子帳簿保存法において義務化されているのは電子取引データの電子保存制度のみですが、それ以外に一定の要件を満たした場合に会計ソフト等で作成した帳簿を電子データのままで保存（電子帳簿・書類のデータ保存）し、また、紙で受領した領収書等の書類をスキャナ等で電子データ化して保存（スキャナ保存）できる制度が定められています。

　その制度を利用して、スマートフォンで読み取った領収書等の情報や銀行・クレジットカードの情報を基に自動仕訳により記帳を行い、電子データの状態でデータセンターにおいて保管することもできるようにな

りました。

　信頼度の高いデータセンターであれば、法定の保存期間、データをクラウド上で安全に保存することもできます。

　事務の効率化、省力化はコスト削減のみならず、経営管理のためのデータの迅速・正確な提供にもつながります。

　完全な電子化の実現までには、システムの整備など少なからずハードルもありますが、できることから少しずつ進めていくとよいでしょう。

⑦　資金繰り予定表の作成
◆資金繰りは会社の命綱

　企業は定められた期日に、給料、仕入代金、経費、借入金の返済などの支払を確実に行わなければなりません。支払が遅延した場合には、従業員や取引先からの信用を失うばかりでなく、会社倒産となることもあります。

　また、ある程度、資金の状態は経営者の頭の中に入っているつもりでも、忙しい創業期には把握しきれない場合もあります。

　形式にこだわらず、簡単なものでも良いので、必ず作成するようにしましょう。

◆資金繰り予定表は3か月先まで作成し、常に更新する

　具体的な入金予定および支払予定を記入した詳細な資金繰り表は、最低でも3か月分は作成します。長期の資金繰りについては、事業計画の際に作成した資金繰り予定表に実績値を反映させて更新し、確認します。

　入金予定額および支払予定額が未確定の段階では概算額を記入しますが、概算であることを色や書体によりわかるようにしておいて、金額が確定したら確定額への更新を行います。

　概算の金額は、資金繰りの安全性の観点から、入金は予想より少なめに、支払は予想より多めに記載します。

　なお、作成した資金繰り表において、資金残高がマイナスになりそうな場合には、調達方法を検討しなければなりません。融資を受けなけれ

ばならない場合には、審査に時間がかかることを考慮し、余裕をもって
早めに申込み手続きを行います。

【資金繰り予定表の具体例】

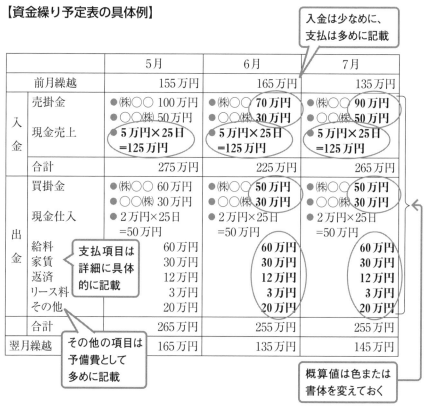

入金は少なめに、
支払は多めに記載

		5月	6月	7月
	前月繰越	155万円	165万円	135万円
入金	売掛金	●㈱○○ 100万円 ●○○㈱ 50万円	●㈱○○ 70万円 ●○○㈱ 30万円	●㈱○○ 90万円 ●○○㈱ 50万円
	現金売上	5万円×25日 =125万円	5万円×25日 =125万円	5万円×25日 =125万円
	合計	275万円	225万円	265万円
出金	買掛金	●㈱○○ 60万円 ●○○㈱ 30万円	●㈱○○ 50万円 ●○○㈱ 30万円	●㈱○○ 50万円 ●○○㈱ 30万円
	現金仕入	●2万円×25日 =50万円	●2万円×25日 =50万円	●2万円×25日 =50万円
	給料 家賃 返済 リース料 その他	60万円 30万円 12万円 3万円 20万円	60万円 30万円 12万円 3万円 20万円	60万円 30万円 12万円 3万円 20万円
	合計	265万円	255万円	255万円
翌月繰越		165万円	135万円	145万円

支払項目は
詳細に具体
的に記載

その他の項目は
予備費として
多めに記載

概算値は色または
書体を変えておく

※ ◯◯ は確定前の概算値を表しています。

◆資金繰り実績表により検証し、改善策を考える

　資金繰り予定表の数字を実績に更新して、資金繰り実績表として作成
しておくと、改善策を検討する際の資料になります。

　資金繰りを改善する要素は、下記のようにさまざまですが、根本的な
改善策としては利益を増加させ、売掛金の適正な回収を行うしかありま
せん。

　安易な支払サイトの伸長要請は、取引先からの信用を失うことにもな

り、取引条件の悪化から長期的にはかえって資金繰りが悪化する原因と
もなりかねないので注意します。

　資金繰り実績表は経営管理の観点から、簡易なものでも良いので、作
成しておきましょう。

【資金繰りの改善策の例】

①	利益を増加させる（売上の増加および利益率の向上、経費の減少）
②	売掛金、未収金等の入金遅延分を回収する
③	在庫を圧縮する
④	遊休固定資産の売却により、資産を圧縮する
⑤	売掛金の入金サイトの短縮、買掛金の支払サイトの伸長
⑥	貸付金等の債権を回収する

◆資金繰り実績表は融資審査等の資料となる

　資金繰り実績表は創業後における融資の際の審査資料など、外部の利
害関係者向けの資料としても有効です。

　また、資金繰り実績表を作成しておくと、それをもとに、キャッシュ
フロー計算書も容易に作成することができます。

　キャッシュフロー計算書は、中小企業においては作成が義務づけられ
ているわけではありませんが、作成しておくと融資審査等の際に提出す
ることができ、印象が良くなります。

◆間接法のキャッシュフロー計算書で、資金繰りの良否の原因を理解する

　キャッシュフロー計算書には実際のキャッシュフローの動きを記載し
た直接法によるものと、会計上の税引前当期純利益に一定の調整を加え
て作成する間接法によるものがありますが、多くの企業では、間接法に
より作成しています。

　間接法によるキャッシュフロー計算書の仕組みを理解すると、会計上
の利益とキャッシュフローが乖離する原因がわかり、資産や負債の増減
が資金繰りに与える影響などを理解することができ、経営管理に有用で

す。

◆営業キャッシュフローが大切。プラスでないと厳しい

　キャッシュフロー計算書は、会社のキャッシュフローの増減の状況を
「営業活動によるキャッシュフロー」（営業CF）、「投資活動によるキャッ
シュフロー」（投資CF）、「財務活動によるキャッシュフロー」（財務CF）
の3つの区分により表したものです。

　営業CFは、会社本来の営業活動から生ずるキャッシュフローであり、
健全な事業運営のためにはプラスである必要があります。

　投資CFは、将来のための設備投資等を積極的に行っていればマイナ
スとなり、事業規模縮小等のため、資産の売却を進めている場合などに
はプラスになります。

　財務CFは、設備投資等のための資金調達を行った際にはプラスにな
り、新たな調達をせず、元本の返済を進めていくとマイナスになります。

　いろいろな分析の仕方がありますが、例えば、将来の設備投資のため
にマイナスになった投資CFを、借入金等の財務CFおよび営業CFで賄
っていて、全体のCFとしてはプラスになっている場合などには、その
会社のキャッシュフローの状況は、おおむね良好であると言えます。

【キャッシュフロー計算書のひな形】

キャッシュフロー計算書
自○年○月○日　至○年○月○日

営業活動によるキャッシュフロー

税引前当期純利益	○○円
減価償却費	○○円
貸倒引当金の増減額	○○円
退職給付に係る負債の増減額	△○○円
受取利息及び受取配当金	△○○円
支払利息	○○円
為替差損益	○○円
固定資産売却損益	△○○円
投資有価証券売却損益	△○○円
売上債権の増加額	△○○円
棚卸資産の増減額	△○○円
仕入債務の増加額	○○円
小計	○○円
利息及び配当金の受取額	○○円
利息の支払額	△○○円
法人税等の支払額	△○○円
営業活動によるキャッシュフロー	○○円

投資活動によるキャッシュフロー

有形固定資産の取得による支出	△○○円
有形固定資産の売却による収入	○○円
投資有価証券の売却による収入	○○円
長期貸付けによる支出	△○○円
投資活動によるキャッシュフロー	△○○円

財務活動によるキャッシュフロー

短期借入金の増減額	○○円
長期借入による収入	○○円
長期借入金の返済による支出	△○○円
配当金の支払額	△○○円
財務活動によるキャッシュフロー	○○円
現金及び現金同等物の増減額	○○円
現金及び現金同等物の期首残高	○○円
現金及び現金同等物の期末残高	○○円

注釈:

- 税引前当期純利益がスタート
- 現金流出を伴わない経費なので加算する
- 売上債権、棚卸資産が増えると、CFはマイナスになる
- 債務が増えると、CFはプラスになる
- 本来の営業活動によるキャッシュフローの増減。プラスでないと厳しい
- 設備投資等、将来のための投資によるCFの増減
- 資金調達と返済によるCFの増減
- 全体のCFの増減
- 期末の現預金等の残高

⑧　給与計算、明細書の作成、支給

　一定以上の規模の会社においては、給与計算は労務管理として、経理とは別の専属の部署および担当者が行うことも多いですが、中小企業、特に創業期の会社においては、経理業務の一部として、経理担当者あるいは、経営者が自ら行うこともあります。

　また、会計事務所、社会保険労務士事務所など外部の業者に外注することもできますが、その場合でも、経営者にとって、とても大切な業務ですので、概要は把握しておくようにしましょう。

◆給与計算は、最も重要な業務のひとつ。間違いは大切な人材流出につながることも

　企業は人によって成り立っています。特に人材が不足している今日においては、どこの企業においても、いかにして良い人材を確保するかということが、企業存続のための重要な課題となっています。

　給与の計算間違いや支払遅延、支払ミスは、従業員との信頼関係に傷をつけ、大切な人材を失うことにもつながります。

　給与については、計算や支給事務の正確性とともに、人材の評価を給与額にどのように反映するかも含めて、その重要性を認識する必要があります。

◆ 「賃金支払の5原則」を守る

　賃金は従業員にとって最も大切な労働条件のひとつです。その賃金が定期的に確実に従業員の手に渡るよう、労働基準法において定められているルールが、「賃金支払の5原則」です。

　5原則には、「通貨払いの原則」、「直接払いの原則」、「全額払いの原則」、「毎月1回以上払いの原則」、「一定期日払いの原則」があります。

　創業後に従業員を雇った場合には、この原則に沿って、賃金の支払を行わなければなりませんが、いくつかの例外も定められています。

【賃金支払いの5原則とその例外】

5原則	原則の内容	例外
通貨払いの原則	賃金の支払は通貨で行わなければならず、小切手や現物など通貨以外のもので支払ってはならない	● 従業員の同意を条件に、銀行振込みとすることができる ● 従業員の同意を前提に、退職金を小切手などにより支払うことができる ● 労働組合との間に労働協約を締結している場合には住宅供与や通勤定期券などの現物給付をすることができる ● 従業員の同意を前提にデジタル払い（登録を受けた資金移動業者の口座にデジタルマネーで支払うこと）により支払うことができる
直接払いの原則	賃金は従業員に直接払わなければならず、親、兄弟、配偶者、その他委任状を持った代理人であっても支払ってはならない	従業員の病気欠勤中に妻子が受取りに来る場合には、本人の使者とされ、支払っても良い
全額払いの原則	賃金は従業員に全額を支払わなければならず、立替金などがあったとしても相殺することはできない	● 所得税や社会保険料等の法定控除項目とされているものは控除することができる ● 労使協定がある場合には、社宅家賃、社内預金、労働組合費等は控除できる
毎月1回以上払いの原則	賃金は毎月1回以上支払わなければならず、たとえ年俸制であったとしても同様となる	● 臨時に支払われる賃金 ● 賞与 ● 1か月を超える期間の勤務状況によって支給される精勤手当、勤続手当等
一定期日払いの原則	賃金は毎月決まった日に支払わなければならない 週給の場合に「毎週土曜日」と定めるのは良いが、月給の場合に「毎月第3金曜日」などと定めるのは、支給日が大きく変動するので違反 なお、支給日が休日の場合に、繰り上げたり繰り下げたりすることはできる	

◆締日および支払日を決める

　給与については、計算の締日と支給日を決めますが、支給日と締日が離れすぎていると、その分支給が遅れることとなり、従業員側からすると印象が良くなく、求人の際にも不利な要素となります。

　また逆に、締日と支給日が近すぎる場合には、支給人数が多いと計算が間に合わなくなってしまったり、確認の時間がとれないと、計算ミスなどにもつながってしまいます。

　また、固定給の社員の場合には計算も容易ですが、時間計算のアルバイトの人数が多い場合には、計算に手間と時間がかかります。

　一度決めたら、変更するのは簡単ではありませんので、事業計画における従業員の採用予定人数などを踏まえ、慎重に決定します。

【締日および支給日の例】

締日の翌日～支払日の期間：5日間	● 20日締め当月25日払い ● 末日締め翌月5日払い
締日の翌日～支払日の期間：10日間	● 15日締め当月25日払い ● 末日締め翌月10日払い

◆給与の構成を理解する。諸手当の数は、ほどほどに

　給与は、基本給および諸手当で構成されます。

　基本給は、年齢や勤続年数、職務内容、経験や能力などを総合的に勘案して決定されます。

　諸手当には通勤手当の他、役職手当、家族手当、住宅手当、資格手当、精勤手当などさまざまな手当がありますが、あまり多くなりすぎると計算も煩雑になり、支給基準も曖昧になることがあるので、増やしすぎないようにします。

【給与体系】

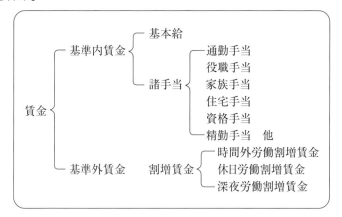

賃金
- 基準内賃金
  - 基本給
  - 諸手当
    - 通勤手当
    - 役職手当
    - 家族手当
    - 住宅手当
    - 資格手当
    - 精勤手当　他
- 基準外賃金　割増賃金
  - 時間外労働割増賃金
  - 休日労働割増賃金
  - 深夜労働割増賃金

◆創業時の給与額の設定は慎重に。メリハリをつけるのも一案

　給与の金額は良い人材確保のためにも高く設定したいところですが、創業当初は、その事業でどれくらいの売上や利益を上げられるかは未知数です。

　給与の性質上、昇給することはできても、降給することは従業員のモチベーション低下などの影響から難しいことを考えると、創業後一定の時間が経過し、ある程度、事業に目途がつき経営が安定するまでの間は、給与総額は無理のない額に設定すべきです。その場合に、予想を超える利益が出た場合には、賞与などで還元することも一つの方法です。

　また、限られた給与総額のなか、例えばソフトウェア開発会社におけるSEのように、コアとなる事業に必要な人材にはある程度の額を設定し、経理など間接部門についてはパートタイマーを採用する等、メリハリをつけることも有効です。

◆働き方を工夫。給与額以外の方法で魅力的な職場にする

　少子化の進展により労働力人口が減少傾向にあり、今後、人材確保がより困難となることが予想されます。しかし、資金が潤沢ではない創業期には、提示できる給与額には限りがあります。在宅ワークの活用などにより働き方を工夫し、給与額以外の部分でも、働き手にとって魅力的

な職場にできるよう、検討しましょう。

◆最低賃金の規定を守る

　基本給は、都道府県ごとに最低賃金法に基づき定められている最低賃金額を下回ることはできません。地域別最低賃金額は、厚生労働省のホームページに掲載されていますので、給与額の設定の際には、確認するようにしましょう。

（令和5年度地域別最低賃金額、一部抜粋）　　　　　　　（単位：円）

都道府県名	最低賃金時間額	都道府県名	最低賃金時間額
北海道	960	大阪	1,064
宮城	923	広島	970
東京	1,113	愛媛	897
新潟	931	福岡	941
愛知	1,027	沖縄	896

全国加重平均額　1,004円

◆時間外労働等をさせるには36協定が必要。給与計算では割増賃金を
　上乗せする

　災害の場合など臨時の必要がある場合、または、36協定[※1]がある場合には、法定労働時間[※2]を超えてあるいは法定休日[※3]に労働をさせることができます。その際には、時間外労働または休日労働として一定の割増賃金が発生します。

　また、原則として、午後10時から午前5時までの間の労働については深夜労働として割増賃金が追加で発生することになっています。

※1　36協定
　労働基準法36条に基づく労使協定。労働者に時間外労働または休日労働をさせる場合には、この協定を締結し、所轄労働基準監督署長に届け出る必要がある。違反すると、6か月以内の懲役または30万円以下の罰金。
※2　法定労働時間
　原則として、休憩時間を除き、1週あたり40時間、各日については、1日あたり8時間。業種により例外規定あり。
※3　法定休日
　毎週少なくとも1回、または4週間を通じ4回（4週間の起算日を明らかにする必要あり）

　なお、労働者が就業規則等で定めた所定労働時間を超えて労働したとしても、法定労働時間を超えていない場合には時間外労働には該当しないこととなります。
　割増賃金の種類と割増率は、以下の通りです。

【割増賃金一覧】

種類	割　増　率	
時間外労働割増賃金	原則	25%以上
	月60時間超	50%以上
休日労働割増賃金	35%以上	
深夜労働割増賃金	25%以上	
時間外労働＋深夜労働	原則	50%以上
	月60時間超	75%以上
休日労働＋深夜労働	60%以上	

【割増賃金の時間単価】

（基本給＋諸手当※）÷月平均所定労働時間
※以下の諸手当は算定の計算には含めない。
●家族手当●通勤手当●住宅手当●別居手当●子女教育手当●臨時に支払われた賃金●1か月を超える期間ごとに支払われる給与

◆時間外労働の上限規制に注意

法律上、36協定で定めることのできる時間外労働の上限は、原則として月45時間・年360時間とされています。

臨時的な特別の事情があって労使が合意する場合（特別条項）には、これを超えることができますが、時間外労働と休日労働の合計が月100時間未満、時間外労働が年720時間以内の範囲である必要があります。

また、月45時間を超えて労働させることができる回数は、年6か月まで、また、時間外労働と休日労働の合計について、「2か月平均」「3か月平均」「4か月平均」「5か月平均」「6か月平均」がすべて1月当たり80時間以内であることが必要です。

◆上限規制の猶予期間の終了による2024年問題

建設事業および自動車運転の業務等については、2024（令和6）年3月31日までは、上記上限規制が猶予されていますが、令和6年4月からは猶予期間が終了し、上記の上限規制が適用されます。

特に物流・運送業界においては、ドライバーの労働時間が短くなることから、ネット通販の増加による荷物量の増加、慢性的な人手不足と相まって、物流が停滞する恐れがあます。

「2024年問題」とは、これらのことから生ずる諸問題のことで、荷主と運送事業者の協力のもと、改善のための対応策が求められています。

◆控除項目を理解する

給与から控除する項目には、法定控除項目である、社会保険料（健康保険料、厚生年金保険料、雇用保険料）、所得税、住民税のほか、労使協定により労使で合意された、社宅家賃、社内預金などの法定外控除項目があります。

法定控除項目については、控除する金額の算出方法が以下のように定められています。

控除項目	算出方法
健康保険料 介護保険料	標準報酬月額[1]を都道府県ごとに定められた料額表の等級区分にあてはめて算出
厚生年金保険料	標準報酬月額[1]を全国一律に定められた料額表の等級区分に当てはめて算出
雇用保険料	給与額（賞与額）×雇用保険率のうち労働者負担分[2]
所得税	社会保険料控除後の給与額を「給与所得の源泉徴収月額表」にあてはめて算出（給与計算ソフト等コンピュータを使用して計算する場合には、電子計算機の特例により、所定のパーセンテージを乗じて計算する方法を採用できる）
住民税	市区町村から送付されてくる通知書に記載された金額

※1　標準報酬月額

　標準報酬月額は、まず、報酬の見込額により資格取得時に決定され、その後は年に一度、4・5・6月の報酬の平均額による定時決定により見直しが行われる。

　なお、定時決定の前に月額報酬が大幅に変動した場合には、随時改定が行われ、その他、育児休業終了時や産前産後休業終了時にも改定が行われることがある。

※2　雇用保険率（217ページ参照）

◆給与明細書を作成する

【給与明細書の例】

　前提条件：年齢40歳、男性

　扶養家族：妻（専業主婦）、長男16歳、長女14歳

　月平均所定労働時間：176時間（1日8時間×22日）

　標準報酬月額：34万円

部門

コード

氏名　　　○○　○○　殿

給与支給明細書

○○年○月分
○○○株式会社

支給	基本給	職務手当	役職手当	家族手当	時間外手当	
	250,000	30,000	20,000	20,000	21,307[※1]	
				課税支給額	非課税通勤手当	支給合計
				341,307	20,000	361,307

控除	健康保険	厚生年金保険	雇用保険	社会保険合計	課税対象額	所得税
	21,276[※2]	32,940[※2]	2,167[※3]	56,383	284,924	4,580[※4]
	住民税					控除合計
	20,000[※5]					80,963

差引						差引支給額
						280,344

勤怠	出勤日数	欠勤日数	遅刻	早退	時間外	深夜
	22日	0日	−	−	10時間	−

※1　時間外手当：(基本給250,000円＋職務手当30,000円＋役職手当20,000円)÷176時間
　　　×1.25（割増率）×10時間

※2　健康保険料および厚生年金保険料：保険料額表より

※3　雇用保険料：支給合計額361,307円×6/1,000

※4　所得税：課税対象額を源泉徴収税額表の扶養2名の欄にあてはめた金額（16歳未満の
　　　扶養親族は控除の対象外）

※5　市区町村から送付された「特別徴収税額決定通知書」に記載された税額

⑨　予算の作成

◆決算期末までに翌期の予算を作成する。創業計画および当期の実績を基にする

　決算期末が近付いてきたら、翌期の予算を作成します。創業計画等で作成した中期計画と今期の実績値等を基準として作成します。

　予算は、創業計画における数値計画と同様に、売上計画、売上原価計画、設備投資計画をもとに、損益計画を作成し、それに基づく資金繰り

計画を作成し検証します。

　中小企業においては、限られた時間のなか、予算作成に時間をかけるのは効率的ではありません。社長が今期の売上実績に翌期の計画を加味した売上計画を作成し、それを基に経理担当者が前期の平均原価率や平均月次経費額を加味して損益計画の原案を作成し、再度社長が検証するといった方法で、まずは大まかに速やかに作成しましょう。

◆予算実績対比が大切

　予算を作成したら、毎月、月次試算表の実績数値との比較を行い、差額について分析を行うことが大切です。売上および粗利益の予算未達成や、コストが過大である場合等には、原因を追究した上で対策を検討し、今後の改善につなげることが大切です。

② 会計と決算

◆創業者にとって、決算書の理解は大切

　創業した後は、資金調達の際や新規の取引先口座を開設する際などに決算書の提出を求められることがあります。また逆に、新規の取引先の与信調査を行う場合等、他社の決算書を目にする機会も増えてきます。

　細かい部分は経理担当者や専門家に任せるにしても、ある程度、決算書の仕組みを理解しておくことは事業運営上、欠かせません。

① 決算書とは

◆決算書は会社の成績表

　決算書とは、ある期間の「経営成績」（収入および支出の状況）および「財政状態」（資産および負債の増減等）などを計算して作成した書類のことをいいます。

　決算書は、会社の状態を客観的に比較可能な数値で表したものであり、まさに会社の成績表と言えます。

② 決算書の種類

◆主な書類は4種類

決算書の主な種類は、「貸借対照表」(B/S)、「損益計算書」(P/L)、「キャッシュフロー計算書」(C/F)、「株主資本等変動計算書」(S/S)の4種類です。

【決算書の種類】

①貸借対照表 (B/S)	企業の一定時点における財政状態を表したもので、企業が保有する資産と、その調達源泉である負債と資本の状況を表示する
②損益計算書 (P/L)	企業の一定期間における経営成績を表したもので、売上や利益の状況を表している
③キャッシュ フロー 計算書 (C/F)	企業の一定期間におけるキャッシュ（現金・預金・現金同等物）の動きを表したもので、「営業活動によるキャッシュフロー」、「投資活動によるキャッシュフロー」、「財務活動によるキャッシュフロー」の3区分に分けて表示している
④株主資本等 変動計算書 (S/S)	貸借対照表の純資産の部の一会計期間における変動額のうち、主に株主に帰属する株主資本の各項目の変動額を表したもので、新株の発行や剰余金の配当、当期純利益などが表示される

③　会計の役割

◆決算書の基になるのが会計

会計とは、「お金や物の出入りを記録し管理すること」で決算書作成の基となります。経理業務における総勘定元帳の記帳がこれに当たります。

④　会計の分類

◆決算書を作る財務会計、意思決定のための管理会計がある

会計は大きく分けて、決算書を作成するための財務会計と経営管理のための管理会計に分けられ、さらに財務会計は、株主や債権者等に対する財務情報開示のための企業会計と税務申告のための税務会計に分けられます。

それぞれ、会計の目的が異なるため、異なるルールが定められています。

種　類	目　的
①財務会計	企業外部の利害関係者に対する情報開示
②管理会計	企業内部における経営の意思決定のための資料提供 （原価計算、予算管理、経営分析、設備投資の回収計算などを通して経営上の意思決定に利用）

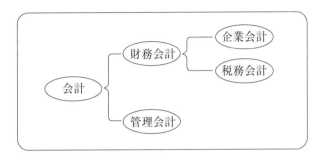

⑤　財務会計の種類とルール

◆企業会計のルールと税務会計のルールは違う

　企業会計と税務会計はその目的が異なるため、異なる法律において異なるルールが定められています。

　それぞれのルールに従った決算数値は異なることとなりますが、実務上は、決算書を2種類作成することはせず、企業会計のルールに基づく決算書を作成した上で、税務申告書において税務上のルールに合わせて調整を行います。

①企業会計（会社法および金融商品取引法会計）	株主や債権者などの外部の利害関係者に対して、会社の財務状況を開示することを目的としており、企業会計原則、財務諸表規則（金商法）、会社計算規則（会社法）などにルールが定められている
②税務会計	税金を計算することを目的としており、各種税法にルールが定められている

⑥　損益計算書の例および留意点

◆まず売上高と各段階の利益に注目する。利益の確保が企業存続の大前提

　株式会社等の営利企業は、利益を稼得することを目的とした組織なので、損益計算書を見る際は、まず各段階の利益に注目します。

　売上総利益、営業利益、経常利益、当期純利益が適正に確保されていることが、企業存続のための大前提です。

　過年度の財務諸表や、予算（事業計画）、あるいは同業他社との比較をしながら、分析を行います。

【損益計算書の留意点】

①	本業の売上高の金額および増減額をみる
②	各段階の利益額、利益率およびその増減をみる （売上総利益、営業利益、経常利益、税引前当期純利益、当期純利益）
③	各勘定科目の発生残高について、前期および予算ならびに同業他社との比較をする
④	各勘定科目の発生残高の月次推移を分析し、異常な増減があれば理由を確認する
⑤	主に売上および売上原価の期間帰属の妥当性を検証する
⑥	勘定科目の割り振りの妥当性を検討する

損　益　計　算　書（例）
自〇年〇月〇日　至〇年〇月〇日

株式会社〇〇〇〇

（単位：万円）

売上高	100,000	
売上原価	75,000	
売上総利益	25,000	
販売費および一般管理費		
給与および賞与	10,000	
法定および法定外福利費	1,000	
広告宣伝費	2,000	
旅費交通費	1,000	
賃借料	1,000	
減価償却費	500	
消耗品費	500	
研究開発費	2,000	
その他	2,000	20,000
営業利益		5,000
営業外利益		
受取利息	100	
受取配当金	50	
雑収入	150	300
営業外費用		
支払利息	1,000	
雑損失	1,600	2,600
経常利益		2,700
特別利益		
固定資産売却益	500	500
特別損失		
固定資産除却損	200	200
税引前当期純利益	3,000	
法人税等		1,050
当期純利益	1,950	

売上高と売上原価の差額。いわゆる粗利益

会社が本業で得た利益

会社が経常的な活動で得た利益、金融取引や副業も含む

経常利益に臨時的偶発的な損益を加えたもの

会社の最終的な利益

⑦　貸借対照表の例および留意点

◆保有資産とその調達源泉を表している

　貸借対照表は、向かって左側に現金預金や売掛金、固定資産などの保有資産が計上されており、向かって右側に負債や資本など、保有資産の調達源泉が記載されています。

　資産合計が、負債および資本の合計と一致することになります。

◆短期から長期へと配列されている

　貸借対照表の資産と負債の配列は、上から下へ、短期（流動）から長期（固定）の順番に配列されています。この配列方法を流動性配列法といいます。

◆安全性などの分析を行う

　貸借対照表を分析することにより、財務安全性についての情報を得ることができます。

　総資産に対する自己資本の比率を表す自己資本利益率や、短期的に支払うべき負債（流動負債）が、短期的に換金できる資産（流動資産）で賄われているかを判定する流動比率などにより、財務安全性の分析をします。

　また、各科目について過年度との比較を行い、増減の原因を確認します。

【貸借対照表の留意点】

①	財務分析の指標を検討する（自己資本比率、流動比率、固定比率など）
②	各勘定科目について過年度との増減比較を行い、原因を分析する（大幅減の場合は買掛金や未払金の未計上など、簿外負債の存在の可能性もあり）
③	各勘定科目残高の月次推移を分析し、異常な増減があれば理由を確認する
④	各勘定科目残高の内訳を把握し、不明な残高がないか確認する
⑤	資産科目のうち、長期滞留のものや資産性のないものがないか、確認する

貸　借　対　照　表（例）
○年○月○日現在

株式会社○○○○

（単位：万円）

科目	金額	科目	金額
資産の部		負債の部	
流動資産	(70,000)	流動負債	(30,000)
現金および預金	20,000	買掛金	20,000
受取手形	5,000	短期借入金	5,000
売掛金	15,000	未払金	3,000
棚卸資産	20,000	その他	2,000
短期貸付金	10,000	固定負債	(40,000)
固定資産	(28,000)	長期借入金	35,000
有形固定資産	(18,000)	その他	5,000
建物	10,000	負債の部　合計	70,000
機械装置	5,000		
器具備品	2,000	純資産の部	
車両運搬具	1,000	資本金	10,000
無形固定資産	(5,000)	利益剰余金	20,000
ソフトウェア	5,000	純資産の部　合計	30,000
投資その他の資産	(5,000)		
投資有価証券	5,000		
繰延資産	(2,000)		
社債・新株発行費	2,000		
資産の部　合計	100,000	負債の部・純資産の部合計	100,000

> 1年以内に返済が必要

> 1年以内に換金できる資産

> 1年を超えて返済するもの

> 長期保有予定の資産

> 返済しなくて良い。いわゆる自己資本

> 換金性のない計算上の資産

> いわゆる総資産 負債・純資産の合計額と一致

⑧　財務分析

◆安全性、収益性、生産性の分析を行う

　財務諸表の分析にはさまざまな手法がありますが、一般的な分析指標の意味は把握しておいた方が便利です。

　財務分析は、経営管理に使うと同時に、金融機関などが融資の審査を行う際にも利用しているため、自社の財務諸表がどのようにみられているかを把握するという意味もあります。

◆分析指標は、過年度および同業他社の指標と比較する

　分析指標を算出したら、今度は過年度および同業他社の指標との比較を行います。同業他社の指標は、帝国データバンクや日本政策金融公庫等、さまざまなところから出ているので、これらを利用します。

　比較した結果、例えば安全性の指標である自己資本比率が、過年度より改善されており、同業他社と比べても同等以上であれば、良い方向へと向かっていると判断し、逆であれば、原因を確認し、対策を検討します。

　ただし、これらの数値は、成長過程にある企業と、成熟した企業では、その数値が意味するところが異なるなど、企業の置かれている状況により大きく変化しますので、ある一つの指標により、一概に財務状況の良し悪しの判断ができないことがあります。

　さまざまな分析と併せて、総合的に判断するようにしましょう。

【財務分析指標】

	指標名	計算式	内容
収益性	総資本経常利益率（%）	経常利益÷総資本×100	会社全体の収益性の総合的指標。投下された資本の利益稼得への貢献度を表す
	売上（総・営業・経常・純）利益率（%）	（売上総・営業・経常・当期純）利益÷売上高×100	各段階での利益率を表す
	総資産回転率（回）	売上高÷総資産	投下された資産の運用効率の状況を表す
	損益分岐点売上高（円）	固定費÷（1－変動費率）	利益も損失も発生しない売上高を表す
安全性	自己資本比率（%）	自己資本÷総資産×100	総資産に対する自己資本の比率で、長期的な安全性を表す
	流動比率（%）	流動資産÷流動負債×100	1年以内に支払期限の到来する債務が1年以内に現金化される資産で賄われているかをみることにより、短期的な支払能力を表す指標
	当座比率（%）	当座資産÷流動負債×100	流動資産の中でも換金性の高い現預金、売掛金等の当座資産を流動負債と比較することにより、短期的な支払能力を表す指標
	固定比率（%）	固定資産÷自己資本×100	固定資産に投下された資金が返済の必要のない自己資本により賄われているかを表す指標
	固定長期適合率（%）	固定資産÷（自己資本＋固定負債）×100	固定資産に投下された資金が、自己資本と固定負債の長期資金でどれだけ賄われているかを表す指標
生産性	労働生産性（円）	付加価値額※÷従業員数	従業員1人当たりの付加価値額への貢献度を表す指標
	資本生産性（%）	付加価値額÷総資本×100	総資本の投資効率を表す指標
	労働分配率（%）	人件費÷付加価値額×100	付加価値額に対する人件費の割合を表す指標
	資本分配率（%）	純利益÷付加価値額×100	付加価値に占める純利益の割合を表す指標

※付加価値とは、企業が外部から購入した原材料等を使って新たに生み出した価値のことで、おおむね次の算式で表される。

付加価値＝税引後純利益＋人件費＋賃借料＋金融費用＋租税公課＋減価償却費

コンサルタントの資質　思い上がりは禁物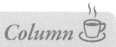

　以前、私の先輩のコンサルタントでこんなことを言う人がいました。
「私のいうことを聞かない会社は、必ず倒産する」
　すごいことを言うもんだなと思いましたが、ちょっと言い過ぎですよね。
　いろいろなコンサルタントを見てきた経験上、断言が好きなコンサルタントは問題ありのような気がします。
　断言されると、聞いている方は楽で、そこに依存してしまいます。でも経営するのはコンサルタントではなく、経営者自身です。通常、コンサルタントは結果に対し、何も責任をとってはくれません。
　このような人は、一見、自信に満ちあふれていて実力派のコンサルタントに見えますが、会社の経営は、外部の人間がすぐに断言できるほどそんなに簡単なものではないですよね。
　その人と合うとか合わないとかは、経営者のタイプにもよると思いますが、私個人の見解としましては、断言好きなコンサルタントよりも、一緒に悩んでくれる人、ヒントを考えてくれる人が良いコンサルタントであるような気がします。

第4章

組織をめぐる
キホンと支援

I 組織の種類

◆個人事業、株式会社の他にもさまざまな法人組織がある

　創業する事業の種類は多岐にわたり、創業支援を行う際には、さまざまな創業希望者の要望に沿った組織選択の提案をする必要があるため、どのような組織があるのかを把握しておく必要があります。

　ここでは、まず各組織の概要について記載し、次に、実務上採用されることの多い、個人事業、合同会社、株式会社について、その特徴、および特徴を踏まえた組織の決定方法、さらに、株式会社の具体的な設立手続きについて解説します。

◀1▶ 組織の区分

◆個人か法人か

　事業を行う組織には、大きく分けて個人事業による場合と法人による場合があります。法人は株式会社が代表的ですが、合名会社、合資会社、合同会社（これらを総称して持分会社といいます）、さらに、一般社団法人、一般財団法人、特定非営利活動法人等の非営利法人まで、さまざまな種類の法人があります。

◆営利か非営利か

　法人は、大きく分けて「営利法人」と「非営利法人」に分類されます。

　ここで「非営利」とは利益を上げないということではなく、構成員に剰余金の配当および残余財産の分配を行わないことをいいます。

　「営利法人」としては、合名会社、合資会社、合同会社、株式会社があり、「非営利法人」としては、一般社団法人、一般財団法人、公益社団法人、公益財団法人、特定非営利活動法人（NPO法人）、社会福祉法人等があります。

◆有限責任か無限責任か

　営利法人の社員（出資者）は、有限責任社員と無限責任社員に分類されます。これらは、社員の債権者に対する責任が、自らの出資額に限定される有限責任（有限責任社員）か、出資額に限定されない無限責任（無限責任社員）かによって分類されています。

【法人の分類】

区分	営利法人			非営利法人
	無限責任社員のみ	有限責任社員および無限責任社員	有限責任社員のみ	
会社	合名会社	合資会社	合同会社株式会社	一般（公益）社団法人 一般（公益）財団法人 特定非営利活動法人 社会福祉法人 学校法人 宗教法人 医療法人

② 個人事業および営利法人

①　個人事業

◆費用および手間が最小。すぐ開業できる

　いわゆるフリーランスなど事業主が単独で行うものから、社員を雇用する形態まであり、主に小規模な事業者が採用することが多い形態です。税務署等への開業届の提出などですぐ開業でき、少ない費用で、簡易な手続きで創業できるところに特徴があります。

②　合名会社

◆無限責任のみの会社

　無限責任社員のみで構成されており、会社という名前はついていますが、個人事業主に極めて近い形態といえます。設立費用が少なく会社設立が容易であるというメリットはありますが、すべての社員が無限責任

社員であるため、家族経営のようなよほどの信頼関係がなければ、リスクが大きく、最近では利用されることは少なくなっています。

③　合資会社

◆有限責任社員と無限責任社員の両方が必要

　有限責任社員と無限責任社員の両方で構成されており、構成員が無限責任社員のみの合名会社と、有限責任社員のみの合同会社および株式会社の中間に位置する会社と言えます。

　株式会社に比べ、設立費用が少なく、設立が容易であるというメリットはありますが、原則として創業者が無限責任社員となること、無限責任社員と有限責任社員の両方が必要なため、最低2名は必要なことなどから、最近では利用されることが少なくなっています。

　古くから存在する組織であるため、現在でも少数ながら、小規模な酒屋や醸造会社などが残っています。

④　合同会社

◆出資者＝役員。小規模な事業を想定

　有限責任社員のみで構成されている会社です。

　出資者が役員として業務を執行するなど、比較的小規模な事業を想定していると思われます。株式会社に比べ、会社設立コストが低く、役員の任期がなく、決算公告も必要ないこと等から、運営コストが低く抑えられるところに特徴があります。

　また、定款で定めれば、出資比率に関係なく、議決権や配当割合を定めることができる等、定款自治による自由度が高い組織といえます。

⑤　株式会社

◆所有と経営の分離が可能。さまざまな規模の事業に対応

　合同会社と異なり、株主と役員は同一の必要はなく、株主と役員が同一の小規模な会社から、所有と経営が分離された規模の大きい組織まで、さまざまな組織形態が想定されています。したがって、実質的に個人経

営に近い形態から株式公開企業に至るまで、幅広い組織形態に対応した組織と言えます。

　合同会社のような株主の数の制限もないため、将来上場を予定するなど、出資者を多く募りたい場合には、株式会社を選択します。

③ 非営利法人

①　一般社団法人、一般財団法人

◆非営利を前提とした組織

　平成20年の公益法人制度改革により生まれた法人であり、「一般社団法人及び一般財団法人に関する法律」を根拠法とする、原則として、非営利を前提とした法人です。

　いずれも持分の定めがないこと、および、剰余金の配当および残余財産の分配をする定めをおかない場合などに、非営利法人となることができることは共通していますが、一般社団法人が人の集合体に対して法人格が付与されたものであるのに対し、一般財団法人は財産の集合体に対して法人格が付与されたものであるという違いがあり、設立手続きや役員などについて、異なる規定が設けられています。

　設立手続きについては、一般社団法人は設立者が財産を拠出する必要はありませんが、一般財団法人は300万円以上の資金の拠出が必要な点で異なっています。また、一般社団法人は設立時社員が2名以上必要なのに対し、一般財団法人は設立時の構成員は1人で足ります。また、役員については一般社団法人が理事1名だけでも良いのに対し、一般財団法人は理事3名以上、監事1名以上、評議員3名以上必要となる点で大きく異なっています。

②　公益社団法人、公益財団法人

◆公益性を有するものとして認定を受ける

　一般社団法人、一般財団法人のうち、公益性を有するものとして認定を受けたものは、公益社団法人、公益財団法人となることができます。公益認定を受けると、公益目的事業については、法人税の課税が行われ

ず、公益目的事業以外の法人税法上の収益事業にのみ課税されることとなります。また、寄付を受ける場合には、寄付をする側が法人の場合には、特定公益増進法人に対する寄付として損金算入限度額が増え、また、寄付をする側が個人の場合には、特定寄付金として所得控除の対象となるため、一般法人に比べ、寄付を受けやすくなるというメリットがあります。

【公益認定を受けるメリットおよびデメリット】

メリット	デメリット
●社会的信用が増す ●認知度が上昇し寄付が受けやすくなる ●法人税法上の収益事業に該当したとしても、認定を受けた公益目的事業については、法人税が課税されない ●寄付する側の損金算入限度額が増え、また、特定寄付金として所得控除することができる	●認定の要件が厳しいため、認定を受けるのに時間および費用がかかる ●毎年の所轄官庁への報告など、運営上の負担が大きい

③　特定非営利活動法人

◆社会貢献活動が主目的

特定非営利活動促進法に基づき法人格を取得した法人で、「民間」が「非営利」で「公益を目的」とした活動を行うこととされており、一般的には「NPO法人」という略称で呼ばれています。

従来、ボランティアなどの団体は多くの場合、任意団体として活動を行ってきましたが、所轄庁の審査を受けて法人格を取得することができれば、社会的な信用が増し、各種契約や不動産などの資産の取得も法人名義で行うことができるようになるというメリットがあります。

また、公益性が高く、組織運営および事業活動が適正である法人とし

て一定の基準に適合している場合には、所轄庁に申請して、認定特定非営利活動法人（認定NPO法人）として認定を受けることができます。認定を受けると、寄付をする側にとっては、法人の場合には、寄付金の損金算入限度額が増え、個人の場合には、特定寄付金として所得控除できるなどの税制上のメリットがあり、認定を受けない場合に比べ、寄付を受けやすくなると考えられます。

　個人が主体となる任意団体に比べ、補助金や融資などの資金調達面や、税制面でも有利であることが多いため、制度ができた平成10年度から、認証件数も増加してきましたが、所轄庁の認証を受けなければならないなど、設立に手間と時間がかかるデメリットがあり、また、非営利を前提とした組織として、「一般社団法人」および「一般財団法人」が容易に設立できるようになったことも影響し、認証件数が平成26年に5万件に達してからは、横ばいの状態が続いています。

	一般社団法人	一般財団法人	特定非営利活動法人
設立に必要な構成員数	2人以上	1人以上	10人以上
設立に必要な財産額	0円以上	300万円以上	0円以上
設立に必要な役員	理事1名以上	理事3名以上 監事1名以上 評議員3名以上	理事3名以上 監事1名以上
法人税課税	非営利型の場合には収益事業のみ課税	非営利型の場合には収益事業のみ課税	収益事業のみ課税
税制上の認定	公益社団法人として認定を受けると、税制上のメリットあり	公益財団法人として認定を受けると、税制上のメリットあり	認定特定非営利活動法人として認定を受けると、税制上のメリットあり

④　社会福祉法人（略）

⑤　学校法人（略）

⑥　宗教法人（略）

⑦　医療法人（略）

II 個人事業、合同会社、株式会社の メリット・デメリット

◆特徴を理解し、目的に応じて選択する

　各組織にはそれぞれ、さまざまな特徴があります。創業当初の規模の小さいうちは個人として事業を始めて、ある程度軌道に乗った段階で会社にする場合、あるいは、当初から会社で事業を行う場合がありますが、創業の目的に応じて、その特徴を利用したさまざまな組織を選択することができます。

　以下、創業の際に多い、個人事業、合同会社、株式会社について、各組織のメリットおよびデメリットを記載します。

1 設立コスト

◆個人事業＜合同会社＜株式会社

　個人事業の最大のメリットは事業開始の際のコストおよび手間がかからないことです。法人の場合には設立登記費用がかかるというデメリットがあり、司法書士等の専門家に依頼した場合、合同会社では15万円前後、株式会社では30万円前後の費用がかかると言われています。

【会社設立登記費用（司法書士手数料以外の実費概算）】

	合同会社	株式会社
登録免許税（最低）	60,000円	150,000円
定款収入印紙代※	40,000円	40,000円
公証役場の認証料	－	52,000円
謄本・印鑑証明代	1,000円	1,000円
合　計	101,000円	243,000円

※電子定款の場合には不要

② 資金調達の手段

◆個人事業＜合同会社＜株式会社。株式会社にはさまざまな手段がある

　個人事業には資本金という概念がなく、基本的には資本の出資として資金を受け入れる手段がなく、自己資金が開業資金に不足する場合には、主に借入金として受け入れることになります。

　これに対して、合同会社と株式会社の場合には、借入金のみならず、資本の出資として資金を受け入れることなどができるため、資金調達の幅が個人事業より広いと言えます。

　特に株式会社の場合には、株主の数に制限がなく、また、株主と役員が同一でなくても良いので、株式を公開する場合も含めて、さまざまな資金調達方法があります。

③ 税務上のメリット・デメリット

◆法人の方が有利な場合が多い

　一般的には、個人事業より合同会社や株式会社などの法人の方が、税率、創業者自身の役員報酬の計上、出張日当など経費計上の範囲が広いこと等により、税務上においては、有利な場合が多いと考えられます。

　具体的には以下の通りです。

◆個人の方が法人に比べ、最高税率が高い

> 所得に対する税金
>
> 個人→所得税、住民税、個人事業税
> 法人→法人税、法人住民税、法人事業税

　個人事業においては、事業が軌道に乗って所得が高くなってくると、累進税率が適用されることにより税率が上昇します。

　具体的には、所得が900万円を超えると所得税住民税を合わせて43％、最大では55％となり、さらに所得が290万円を超えた場合には業種により3〜5％の個人事業税も追加され、法人の場合に比べ、所得に対する

税率が高くなることがあるというデメリットがあります。

　合同会社および株式会社等の法人の場合には、所得に対する税金である法人税等（法人税、法人住民税、法人事業税）の実効税率は約30％強ですが、資本金1億円以下の中小企業の場合には軽減税率の適用があり、所得金額が年800万円以下の所得に対しては約22〜23％とさらに低下するというメリットがあります。

【個人の所得税および住民税所得割率】

課税所得金額	税　率
195万円以下	15％（所得税5％+住民税10％）
195万円超330万円以下	20％（所得税10％+住民税10％）
330万円超695万円以下	30％（所得税20％+住民税10％）
695万円超900万円以下	33％（所得税23％+住民税10％）
900万円超1,800万円以下	43％（所得税33％+住民税10％）
1,800万円超4,000万円以下	50％（所得税40％+住民税10％）
4,000万円超	55％（所得税45％+住民税10％）

（令和5年12月現在）

※上記のほか、当面の間、復興特別所得税として基準所得税額の2.1％。また、業種により、青色申告特別控除前の所得が290万円を超える場合には、超えた部分の金額に対し3〜5％の個人事業税がかかります。

【法人税等実効税率※】

所得金額	外形標準課税適用法人	中小法人
400万円以下		21.36％
400万円超800万円以下	30.62％	23.17％
800万円超		33.58％

（令和5年4月1日〜令和6年3月31日、東京都の場合）

$$※実効税率 = \frac{法人税率 \times (1+地方法人税率+住民税率)+事業税率+特別法人事業税率}{1+事業税率+特別法人事業税率}$$

◆会社は創業者の役員報酬を損金として計上できる

　創業者自身については、役員として報酬を受け取ることとなり、税金計算上、役員報酬からは給与所得控除を差し引くことができるため、個人事業に比べ、課税対象となる所得金額が下げられることもメリットとなります。

　なお、個人事業者の場合には、自身の給料の経費計上は認められていません。

【給与所得控除額】

給与等の収入金額	給与所得控除額
1,625,000円まで	550,000円
1,625,001円〜1,800,000円	収入金額×40%−100,000円
1,800,001円〜3,600,000円	収入金額×30%＋80,000円
3,600,001円〜6,600,000円	収入金額×20%＋440,000円
6,600,001円〜8,500,000円	収入金額×10%＋1,100,000円
8,500,001円以上	1,950,000円

（令和5年10月現在）

◆会社の方が経費計上できる範囲が広い

　個人の場合には、その収入を上げるために必要な支出のみが税金計算上の経費として計上されるのに対し、会社の場合には、その事業目的が多岐にわたる場合には、会社経営に必要な支出の範囲も広がるため、一般的には経費計上の範囲が広がることになります。

◆社長の出張日当を会社で計上する

　出張の際に支給する日当は、会社の場合には創業者自身に支払われる分も損金として計上することができます。

　この場合には、会社において損金として計上できるのみならず、出張先が国内の場合には、消費税の計算においても日当に消費税が含まれているものとして仕入税額控除が認められ、また、創業者が会社から受け

た日当は、出張旅費規定に基づく適正額であれば、給与課税もされず、税務上、有利な取扱いを受けることができます。

　なお、個人事業者については、従業員の日当の費用計上は適正額であれば認められますが、事業主に対する日当は、自分から自分への支払となるため、給料と同様、経費計上は認められていません。

◆損失の繰越期間が法人の方が長い

　個人事業者および法人ともに、青色申告の承認を受けている場合においては、決算において損失が生じたときには、翌年度以降に損失を繰り越すことができます。

　その際の繰越期間については、個人事業者の場合には翌年度以降3年間となっているのに対し、法人の場合には10年間と長くなっており個人事業者に比べ有利な扱いとなっています（平成30年4月1日以前に開始した事業年度において生じた欠損金額の繰越期間は9年）。

◆社長の生命保険に会社で加入する。慶弔見舞金規程を作成する

　社長の生命保険に個人で加入した場合には、社長の所得税の確定申告において、生命保険料控除として最大で年間12万円の所得控除ができるのみです。

　これに対して、会社で社長を被保険者とした生命保険契約に加入した場合には、契約内容によりその全額、あるいは、一定の額を損金に算入することができます。

　保険の種類としては、定期保険などの一定期間の保障を重視した掛捨ての保険と、保障が一生涯続く終身保険、養老保険などの貯蓄型の保険および医療保険があり、目的に応じて税務上の取扱いを考慮の上、加入します。

　なお、会社に入金された保険金を原資として弔慰金や見舞金等を支出し、損金とする場合には慶弔見舞金規程が必要となりますので、事前に作成しておきます。

◆個人の場合、保険料の額にかかわらず、控除限度額は少額

【個人の生命保険料控除】(平成24年1月1日以後契約締結分)

保険の種類	控除の限度額
一般の生命保険契約	4万円
個人年金保険契約	4万円
介護医療保険契約	4万円

【法人の生命保険契約の例】

定期保険

＜掛捨ての死亡保障のための保険。保障に対し保険料が割安。保険料は全額損金算入。万が一の場合の事業継続のための資金になる＞

　一定の期間内に被保険者が死亡した場合に保険金が支払われる保険。

　保険料は掛け捨てで、満期保険金がなく、解約返戻金もごく少額です。掛け捨てである分、満期保険金などがある他の保険に比べ、保険料が割安になっています。

　社長に万が一のことがあった場合に、借入金返済、および運転資金、当面の生活費等をまかなえるように加入しておくと安心です。融資の際の団体信用生命保険（P70参照）と併せて加入しておくとよいでしょう。

契約者	被保険者	保険金受取人	保険料の処理
法人	役員・従業員	法人	全額損金
法人	役員・従業員（原則として全員加入）	遺族	全額損金※

※役員のみまたは特定の従業員のみを対象としている場合には、役員または従業員に対する給与となる。

＜長期平準、逓増定期は、役員退職金等の原資として利用することも。ただし損金算入割合が減少し、効果は限定的に＞

　なお、定期保険の一種として、保険期間が長期にわたる「長期平準定期保険」および、保障額が逓増する「逓増定期保険」がありますが、これらは、満期保険金はないものの、支払う保険料の一定額が損金となり、また、解約返戻金があるため、役員退職金の原資とするために利用されることがあります。

　ただし、中小企業の場合には、特に創業者等の役員の退職時期は予測しづらいため、退職時と解約返戻率のピークがずれた場合などには、予定していた効果が得られない場合があります。

　また、令和元年7月8日以降契約分で、解約返戻率50％超かつ年間保険

料が30万円超の保険契約については、保険料の損金算入割合が減少したため、そのメリットは少なくなっています。
　加入する場合には、保険および税務の専門家に相談の上、必要性を検討した上で慎重に決めましょう。

終身保険

＜保障が一生涯続く。単純損金とならず、課税繰延べの効果はないが事業承継対策などで利用＞
　保障が一生涯続くため、定期保険に比べ、保険料が割高となります。また、解約時には解約返戻金が契約者に支払われます。
　保険料は、資産計上か給与となり単純な損金とならないため、課税の繰延効果はありませんが、定期保険と異なり保障が一生涯続くため、万が一の時の借入金の返済原資として、あるいは事業承継の資金対策などのために利用されることがあります。

契約者	被保険者	保険金受取人	保険料の処理
法人	役員・従業員	法人	資産計上
法人	役員・従業員	役員・従業員の遺族	給与

養老保険

＜貯蓄型の保険。税務上のメリットを利用した福利厚生プランとしての利用も多い＞
　満期保険金および死亡保険金がある貯蓄性の高い保険です。
　満期保険金の受取人を法人に、死亡保険金の受取人を遺族にすることにより、一定の要件のもとに、保険料の2分の1を損金とすることができ、いわゆる「福利厚生プラン」としての利用も多い保険です。

契約者	被保険者	保険金受取人		保険料の処理
		満期保険金	死亡保険金	
法人	役員・従業員	法人	法人	資産計上
法人	役員・従業員	役員・従業員	役員・従業員の遺族	給与
法人	役員・従業員（原則として全員加入）	法人	役員・従業員の遺族	1/2資産計上1/2損金算入

医療保険

＜会社の経費にして、病気になったときに見舞金等として支払う＞

　役員および従業員を被保険者として、会社で医療保険の保険料を負担した場合には、一定の要件のもとに会社の損金として計上できるため、個人の場合に比べ、税務上有利になることがあります。

　ただし、医療保険にも、定期保障のものと終身保障のものがあり、終身保障の場合には、一部、資産計上が必要な場合がありますので、事前に確認します。

　なお、役員や従業員が病気になったときには、会社に入金された保険金を原資として、見舞金等を支給することになりますので、あらかじめ慶弔見舞金規程を作成しておきます。

【参考】公的な共済制度の利用

　創業したら加入を検討すべき公的な共済制度として、独立行政法人中小企業基盤整備機構が運営する「小規模企業共済」および「経営セーフティー共済」、独立行政法人勤労者退職金共済機構が運営する「中小企業退職金共済制度」があります。

＜小規模事業の個人事業主および会社等の役員のための退職金替わり。掛金は全額所得控除＞

　小規模企業共済は、従業員20名以下の個人事業主および会社の役員などの経営者が加入する制度で、経営者が退職した際に、共済金が支給される制度です。掛金は、小規模企業共済等掛金控除として全額が所得控除され、将来共済金を受け取るときには公的年金等の雑所得あるいは退職所得扱いとなり、税制上も優遇されています。また、掛金も1,000円から70,000円まで自由に設定でき、変更もできます。

　預金の積立てと違い、所得控除を受けながら将来の退職後のための資金の積立てができるため、将来の保証のない経営者にとっては、加入を検討すべき制度と言えます。

＜連鎖倒産防止のための制度。掛金は全額事業所得の必要経費または法人の損金。決算月に最大240万円が一時の損金に。別表への記載を忘れずに＞

　経営セーフティー共済は、取引先が倒産して、売掛金の回収が困難となった場合に掛金の10倍まで無担保、無保証人にて迅速に貸付を受けられる制度です。1年以上引き続き事業を行っている中小企業のための制度ですので、創業後1年以上過ぎたら加入を検討します。

　掛金は5,000円から200,000円の範囲内で選べ、また、40か月以上掛金を払えば、解約しても原則として100%解約手当金として戻ってくるため、業績が良い時に掛金を必要経費または損金にしながら積み立て、将来資金が必要になるときのために備えることができるという効果もあります。

　また決算月に1年分払うと最大240万円が一時の損金になります。ただし、別表への記載が要件となっていますので、申告時には忘れないようにしましょう。

＜従業員の退職金の積立てのための制度。掛金は全額個人事業主の必要経費または法人の損金＞

　中小企業退職金共済制度は、国が作った中小企業の従業員のための退職金制度

です。事業主が掛金を全額負担し、従業員が退職したときに、従業員からの請求に基づいて機構から、退職金が直接従業員に支払われます。

　掛金は5,000円から30,000円（短時間労働者は2,000円から）で、従業員ごとに選択でき、また、全額必要経費あるいは損金となり、掛金の納付段階では、従業員に対する給与課税も行われず、税制上も優遇されています。

　人材確保が困難な中小事業者にとっては、従業員の定着率向上のためにも、検討すべき制度と言えるでしょう。

◆社長の社宅の借上げ費等のうち、一定額を会社の損金にできる

　会社の場合には、社内規定に基づき会社が借り上げあるいは購入した通常の社宅を社長に賃貸することができます。その際、一定の家賃負担額を社長から徴収する必要がありますが、会社が支払った家賃との差額については、社長から徴収する家賃が税務上適正額であれば会社の経費として計上され、社長への所得税課税も行われません。

　これに対し、個人事業の場合には、事業主自身の住宅の家賃を必要経費として計上する手段はありません。

　なお、事業主の住宅の一部を、事業用として使用している場合には、事業部分に対応する金額について経費計上することができますが、会社の場合にも、事業用の部分について社長と会社が賃貸借契約を締結することにより、個人事業主と同様に経費計上することができます。計上額は使用面積などを基準に決めますが、計上額の妥当性を説明できるよう、簡単な図面などを用意しておきましょう（会社の場合には、賃貸借契約書を必ず作成します）。

【社長の社宅家賃適正額の計算方法】

　社宅の大きさなどにより、以下の方法により計算した金額となります。

① 　小規模な住宅（法定耐用年数が30年以下の場合には床面積が132㎡以下、30年を超える場合には99㎡以下）

> 社宅家賃＝建物の固定資産税の課税標準額×0.2％＋12円×建物の床面積／
> 3.3㎡＋敷地の固定資産税の課税標準額×0.22％

② 小規模な住宅以外

　以下の算式により計算した金額と、会社が家主に支払う家賃の50%とのいずれか多い金額（自社所有の場合には、以下の算式により計算した金額）

> 社宅家賃＝（建物の固定資産税の課税標準額×12%[※]＋敷地の固定資産税の
> 　　　　　　課税標準額×6%）×1/12
> ※建物の耐用年数が30年を超える場合には10%

③ 豪華社宅（床面積が240㎡を超えるものや240㎡以下であってもプールなど、一般にはあまりない設備などが設置されている住宅）

> 社宅家賃＝通常支払うべき賃料（家賃の市場価格）

※計算には固定資産税の課税標準額を用いますが、賃借物件の借主の場合であっても、物件所有者との賃貸借契約書の写し等を申請書に添付することにより、市区町村において情報を取得することができることになっています。

❹　その他の運営コスト

◆個人事業＜合同会社＜株式会社

　開業後の運営資金について、一般的には個人事業より会社の方がコストがかかり、会社でも合同会社より株式会社の方がコストがかかります。

　具体的には、会社の場合には、①さまざまな登記費用、②決算公告等の費用、③会計および税務申告に関する費用、④社会保険料の負担等があります。

① 登記費用

◆会社は、基本事項について登記が必要

　会社の場合には、本店を移転した場合、役員が交代した場合等さまざまな場合に登記が必要となり、登録免許税の負担や司法書士等に依頼した場合にはその手数料の負担が生ずることとなります。

　また、株式会社の場合には、役員の任期が最長でも10年と定められて

いるため、例えば、株主および役員が創業者1人という場合など、限りなく個人事業に近い形態であったとしても、少なくとも10年に一度は登記が必要になり、余分にコストがかかることになります。加えてこの登記を失念した場合には、会社法違反として過料が課せられることがあるのみならず、登記をしないまま放置した場合には、職権により会社が解散となるリスクもあります（一定の期間内に手続きをすれば会社は存続しますが、登記上、その履歴が残ります）。

　なお、合同会社については、役員の任期は定められていません。

② 　決算公告
◆**株式会社には決算公告の義務がある**
　株式会社の場合には、毎事業年度終了後、会社の決算書の要旨を官報等に公告する義務があり、そのコスト負担が生ずることになります。なお、合同会社については決算公告の義務はありません。

③ 　会計および税務申告
◆**会社の場合には決算が複雑になる**
　個人事業で規模が小さい場合には、確定申告の無料相談などを利用して、自身で行う場合もありますが、法人の場合には、会計処理および税務申告が複雑となるため、税理士等の専門家に依頼することも多いと思われます。

　その場合には、顧問料および決算料等の費用がかかることとなります。

④ 　社会保険
◆**会社には社会保険の加入義務がある**
　合同会社および株式会社の場合には、社員の人数にかかわらず、たとえ創業者1人のみの会社であっても健康保険および厚生年金保険への加入義務が生じ、保険料の負担が生じます。

　なお、社会保険加入はコスト増にはなりますが、創業者自身および従業員に対する給付が国民健康保険および国民年金に比べて厚く福利厚生

面で充実するというメリットがあります。

5　信用

◆通常は、法人の方が個人事業より信用力がある

　経理上、法人組織の場合には、社長であっても会社からお金を引き出す手段は、役員報酬等に限定されており、社長個人との区分は明確です。

　それに対して個人事業の場合には、いくら経理上区分していても、例えば事業主が事業用の預金からお金を引き出すことに制限はありません。したがって、貸借対照表の数字は、事業主個人の都合で大きく変わり、参考数値の域を出ないこととなります。

　お金を貸出したり、出資する方の立場からすると、事業の状況を判断する上では、個人の決算書より法人の決算書の方が判断が容易などの理由により、一般的には法人の方が信用力が高いと言われています。

【各組織のメリットおよびデメリットの一覧】

	メリット	デメリット
個人事業	●開業コストが低い ●決算等運営コストが比較的かからない ●一定の業種および従業員が5人未満の場合には、社会保険加入義務がない。また、業種や従業員数に関係なく、創業者自身の社会保険の加入義務がない	●資本の出資という概念がないため、会社に比べ資金調達の手段が限定される ●創業者自身が社会保険に加入できない ●会社に比べ、経理上、個人と事業の区分が曖昧になりやすく、経営管理上や対外的な信用力の点で問題となる場合がある ●所得が高い場合には、会社に比べ利益にかかる税率が高くなる ●法人に比べ、税務上の必要経費にできる範囲が狭い
合同会社	●株式会社に比べ、会社設立コストが低い ●出資を受け入れることができる ●創業者自身が社会保険に加入できるため、年金の積み増しや、病気等の場合の給付などを受けることができる ●役員の任期がないため、株式会社に比べ登記の手間と費用がかからない ●官報等への決算公告の義務がない ●個人事業に比べ所得に対する税率が低く、また創業者の役員報酬を経費計上できるなど、個人事業に比べ税務上のメリットが大きい	●会社設立費用がかかる ●個人事業に比べ、会計、決算等の運営コストがかかる ●社会保険の加入が義務づけられており、コストがかかる ●出資者の数に制限があり、また原則として出資者と役員が同一なため出資のみを受け入れることができず、株式会社に比べ、資金調達の手段が狭い ●株式会社に比べ知名度が低い
株式会社	●合同会社と違い、出資者の人数に制限がなく、また、所有と経営が分離され出資のみを受けることができるため、株式上場の場合も含め、多くの出資を受け入れることができる ●種類株式の発行など資金調達方法の幅が広い ●創業者自身が社会保険に加入できるため、年金の積み増しや、病気等の場合の給付などを受けることができる ●個人事業に比べ所得に対する税率が低く、また創業者の役員報酬を経費計上できるなど、個人事業に比べ税務上のメリットが大きい ●認知度が高く、比較的、社会的信用が高い	●会社設立費用が合同会社より大きい ●個人事業に比べ、会計、決算等の運営コストがかかる ●社会保険の加入が義務づけられており、コストがかかる ●決算公告を行う義務がある ●役員の任期があるため、たとえ創業者1人の会社でも、役員重任登記をしなければならず、費用がかかる

III 組織の決定

◆個人事業から始めることも検討する

　開業資金が潤沢でなく、当初の売上高および課税所得も低いと見込まれる場合には、事業開始の手続きが簡単で、会社設立費用やその他の運営コストも低く、少人数で開業する場合には社会保険の加入義務もない、個人事業から始めることを検討します。

　その後、事業が軌道に乗ってきてから個人事業を法人化する（「法人成り」といいます）ことを検討することになります。

◆売上高1,000万円、所得金額500万円くらいで法人成りの検討を開始する

　法人成りするタイミングについては、個人事業の場合の所得税負担と会社の法人税負担を考えると、個別の条件により一概には言えませんが、売上高がおよそ1,000万円、所得金額がおよそ500万円を超えた場合には、他のメリット・デメリットも考えあわせた上で、検討を始めた方が良いと言われています。

◆消費税の免税制度を考慮にする。インボイス登録で効果は限定的に

　売上高が1,000万円以上となり消費税の課税事業者になるタイミングで法人成りし、免税期間をフルに使うことも実務ではよく行われていました。

　しかし、令和5年10月よりインボイス制度の運用が開始され、登録事業者は売上高にかかわらず、消費税の納税義務が免除されないこととなりました。令和8年9月30日を含む課税期間までは、経過措置としての2割特例（P101参照）の適用があるものの、免税制度と比べ、そのメリットは限定的となっています。

　消費税のメリットは限定的になったものの、**事業として成り立つ分岐点として考えた場合、1,000万円の売上高と500万円の所得金額は、法人化を検討する目安として丁度良い数字**といえるかもしれません。

◆法人成りは株式会社が主流、コスト重視なら合同会社も

個人事業から法人成りする場合、主に株式会社あるいは合同会社のどちらかを選択することになりますが、資金調達や業務提携などの目的で、第三者からの出資を積極的に受けることを目指している場合や、株式上場を目指す場合など、将来的に規模の拡大を念頭に置いている場合には、株式会社を選択します。

逆に、当初から創業者1人あるいは親族のみで行う個人事業に近い形態を想定している場合で、設立や運営にかかるコストを少しでも抑えたい場合には、設立登記費用が低く、決算公告義務や役員の任期もない合同会社を選択すると良いでしょう。

◆判断がつかない場合には、株式会社にする

株式会社は合同会社に比べ、設立登記費用などが多くかかりますが、その金額は限定的です。

また、株式会社は小規模な事業から株式上場企業までさまざまな規模の組織に対応しています。

合同会社の知名度が現時点においてもまだ高くないことを考えると、どちらにするか判断がつかない場合には、株式会社にしておくのが無難でしょう。

Ⅳ 株式会社の設立

◆会社は設立登記を行うことで成立する

　採用する組織形態が法人に決まったら、設立手続きを行います。

　会社は法人設立登記をすることで成立しますが、ここでは最も一般的な株式会社について、設立手続きの大まかな流れを確認し、その前提となる設立の際の基本事項の決定について解説します。

1 設立手続きの種類

◆募集設立と発起設立がある。発起設立が多い

　設立手続きには、募集設立と発起設立があります。

　募集設立とは設立の際に発行する株式の一部を発起人が引き受け、残りを募集して発起人以外の人に引き受けてもらう方法です。

　これに対し、発起設立とは、設立の際に発行する株式のすべてを発起人だけが引き受けて会社を設立する方法です。

　創業の際の出資者は、一般的には創業者およびその親族ならびに知人である創業パートナーに限られ、あらかじめ出資比率も決めてあることが想定されること、および、募集設立の場合には金融機関の資本金保管証明が必要である等の事務負担を考慮して、実務上は、発起設立の方法により設立することが多いと思われます。

2 設立手続きの流れ（発起設立の場合）

◆設立登記手続きの大まかな流れを確認する

事前準備

- 商号・目的等の定款記載事項、その他の基本事項の決定
- 取締役と株主の印鑑証明書取得
- 司法書士に登記を依頼する場合には、取締役と株主の身分証明書（運転免許証・パスポート・マイナンバーカードまたは住基カード・各種健康保険証・国民年金手帳・外国人登録証などの官公庁発行書類で住所氏名、生年月日の記載があるもの）のコピーを用意する

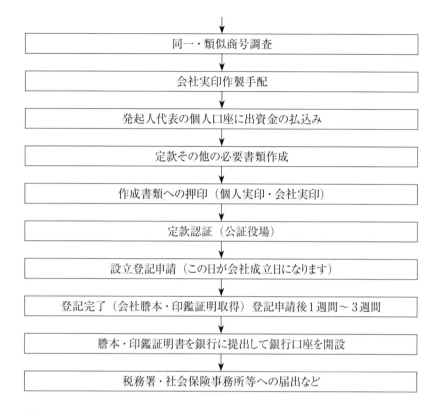

同一・類似商号調査

会社実印作製手配

発起人代表の個人口座に出資金の払込み

定款その他の必要書類作成

作成書類への押印（個人実印・会社実印）

定款認証（公証役場）

設立登記申請（この日が会社成立日になります）

登記完了（会社謄本・印鑑証明取得）登記申請後1週間～3週間

謄本・印鑑証明書を銀行に提出して銀行口座を開設

税務署・社会保険事務所等への届出など

3 設立時資本金額等の決定

① 設立時資本金額

◆ **1円から可能だが、信用、許認可、融資、助成金などに影響する**

　資本金は1円から登記可能ですが、許認可や融資、助成金等の申請において、自己資本額についての要件がある場合があります。

　また、資本金額があまりに少ないと、取引先の与信調査や金融機関の融資審査、あるいは、採用活動を行う際などに、信用の面から問題となることがあります。

　反面、資本金額は多い方が良いからと言って、個人貯蓄をすべてつぎ込んでしまうと、生活費が足りなくなった場合に会社から借りなければならなくなり、個人と法人が混同しているとして、かえって信用上、問題となることもあります。

　適正な資本金額については、自己資金の状況も考慮し、事業計画において慎重に検討します。

◆資本金額により税務上の取扱いが変わる

　資本金額により、法人税および消費税、地方税等の税務上の取扱いが変わります。基本的には、資本金額が大きくなると、税負担も重くなります。

◆資本金1億円超は大法人扱い。税金が高い

　法人税においては、資本金が1億円を超えると大法人となり、税法上の中小法人の特例（軽減税率の特例、欠損金の繰越控除および繰戻還付の特例、交際費課税の特例など）が適用されなくなります。また、資本金が1億円以上になると、原則として国税の管轄が、税務署から国税局に移ります。

　また、地方税においては、法人住民税均等割が資本金等の額が1,000万円以下の場合には年7万円、1,000万円を超えると年18万円、1億円を超えると年29万円（いずれも東京都の場合で従業者数50人以下など一定の場合）になるなど資本金額が大きくなるにつれて、税負担が増えることになります。さらに、資本金額が1億円を超えると法人事業税の外形標準課税の対象となります。

※令和7年4月1日以降開始事業年度から、大企業の「外形逃れ」を防止するため、資本金が1億円以下であっても「資本金と資本剰余金の合計額が10億円を超えるなど一定の要件を満たす法人」は、外形標準課税の対象となる予定です。

◆資本金1,000万円以上で、設立事業年度等の消費税免税制度またはインボイス2割特例が使えなくなる

　消費税については、資本金額が1,000万円以上の法人は、基準期間のない課税期間（設立後2事業年度）の納税義務が免除されなくなります。開業当初の資金繰りを考える上でも、その影響は小さくありません。

　なお、令和5年10月よりインボイス制度が運用され、登録事業者は消

費税の納税義務が免除されないこととなりました。それでも、令和8年9月30日を含む課税期間までは、経過措置として2割特例（P101参照）の適用があり、資本金1,000万円未満の方が有利になることもあるので検討の際には留意します。

◆資本金額を決定する。税務上は1,000万円、1億円が分岐点

　設立当初の資金繰りや事務負担を考えると、消費税については、基準期間のない設立後2事業年度は、免税制度、あるいは、インボイス登録事業者の場合には2割特例を使えるようにしたいところです。そのためには設立当初の資本金額は、1,000万円未満で、自己資金の許す範囲で、その他の条件を考慮した上で決めると良いでしょう。

　なお、信用その他の理由により、資本金額を1,000万円以上にしたい場合には、1億円を超えるとさらに税負担が大きくなるので、資本金を決める際には気を付けます。

【資本金額による税務上の取扱いのまとめ】

資本金の額（法人住民税均等割については資本金等の額※で判定）	1千万円未満	1千万円以上1億円以下	1億円超10億円以下
税率	所得年800万円までは15%		一律23.2%
欠損金の繰越控除	全額		所得金額の50%までが限度
欠損金の繰戻還付	適用あり		適用なし
交際費の損金算入限度額	接待飲食費の50%までまたは年間800万円までの有利選択		接待飲食費の50%まで
法人住民税均等割（東京都、従業員50人以下）	7万円	18万円	29万円
法人事業税外形標準課税	適用なし		適用あり
消費税基準期間がない課税期間の特例	適用なし（インボイス登録事業者を除き、納税義務なし）	適用あり（納税義務あり）	

※資本金等の額とは、資本金または出資金と、資本剰余金を合計し一定の調整を加えた税務上の金額をいいます。

◆見せ金出資は禁止

　資本金を多く見せたいからといって、設立手続き中のみ資本金額相当額を銀行に預け、設立後すぐに引き出すような行為は会社法で禁止されています。また、このような行為をすると、決算書上、代表者貸付金や仮払金などの不明瞭な資産科目が貸借対照表に計上されることになり、かえって金融機関など外部の利害関係者からの信用を失うことにもなりかねません。

　資本金額は、実際に拠出できる金額の範囲内で、無理のない金額で設定しましょう。

② 　1株当たりの発行価額

◆設立時株式数を何株にするか

　かつては、1株当たりの払込金額は5万円以上でなければならないといった規制も存在しましたが、会社法が施行され、現在では1円以上いくらでも良いこととなっています。

　発行価額が高い場合には、譲渡をするとき等に出資割合を考慮した細かい調整が難しくなります。実務的にも発行価額はさまざまですが、例えば、1株1万円とすると、資本金額が1,000万円のときには、発行済株式数は1,000株となることになります。

　大きすぎず、細かすぎずと考えれば、1万円から5万円の範囲内くらいで決めるのが良いでしょう。

　なお、上場を目指す時などには、1株当たりの発行価額を増資のたびに上昇させることがあります。また上場する際の発行済株式数の要件を満たし、株式の流動性を確保するため、株式分割により細分化していくことも行われています。

４ 定款の作成

① 　定款とは

◆会社の基本的な決まり事を定めたもの

　定款は会社の最も基本的な決まり事を定めたもので、設立時には、発

起人全員で作成し、公証人の認証を受けなければその効力を生じません。また、変更するには株主総会の特別決議を必要とし、その効力を担保しています。

なお、定款の記載事項としては、絶対的記載事項、相対的記載事項、任意的記載事項があります。

② 絶対的記載事項
◆必ず記載しなければならないもの
絶対的記載事項とは、定款に必ず記載しなければならず、その記載がない場合には、定款自体が無効となる事項です。

目的、商号、本店所在地などが該当します。

③ 相対的記載事項
◆定めた場合には定款に記載しなければならないもの
相対的記載事項とは、記載がなくても定款自体の効力には影響ありませんが、定めた場合には、定款に記載をしないとその法律的効力が生じない事項です。

取締役会、監査役などの機関設計などが該当します。

④ 任意的記載事項
◆定款に記載してもしなくても良いもの
任意的記載事項とは、定款に記載しなくても定款自体の効力あるいはその事項の効力には影響せず、単に定款に記載し得るにすぎない事項をいいます。

定款に記載すると、その内容が明確になり、変更する場合には株主総会の特別決議が必要となるため、その規定の重要性を高めたい場合などに記載することとなります。

事業年度、定時株主総会の召集時期などのほか、強行法規や公序良俗などに反しない限り、自由に記載することができます。

種類	具体的記載事項
絶対的記載事項	目的、商号、本店所在地、設立に際して出資される財産の価額またはその最低額、発起人の氏名・名称および住所、発行可能株式総数
相対的記載事項	機関設計、株主総会の権限、株式の内容についての特別の定め、種類株式、役員の任期の短縮・伸長、株券の発行、株式譲渡制限規定など
任意的記載事項	事業年度、定時株主総会の召集時期、総会の議長、取締役および監査役の員数、公告の方法など

⑤　定款の型式

◆電子定款だと収入印紙4万円がかからない

　定款は、平成19年以前は紙によらなければなりませんでしたが、現在では、電子定款でも認証が受けられるようになっています。電子定款の場合には収入印紙代4万円がかかからないというメリットがあります。

　司法書士などの専門家に依頼する場合には電子定款を選択した方がコスト面で有利ですが、自分で手続きを行う場合には軽減できる費用と事務負担の増加を考慮して決めましょう。

5　定款記載事項の決定

①　商号

◆商号には一定の決まりがある

　商号は公序良俗に反するものでなければ、基本的に自由に決められますが、下記のとおり一定の決まり事があります。

- ●商号の中に、「株式会社」、「合同会社」などの会社の種類を表す文字を頭か末尾に必ず入れる必要があります（「○○株式会社」、「合同会社○○」など）。
- ●漢字、ひらがな、カタカナのほか、ローマ字、アラビア数字、中点やハイフン等の符号の使用もできますが、符号は商号の頭と末尾には使用できません。
- ●定款には、商号の英文表記を追加して記載することができます（下

記の記載例参照）。

●同一の本店所在地には、同一の商号を登記できません。

◆類似商号調査を行う

　同一所在地で同一の商号でなければ登記すること自体は禁止されていませんが、不正の目的をもって、類似した商号を使用することは会社法や不正競争防止法により禁止されています。

　商号の使用差し止めや損害賠償請求などのトラブルにならないよう、事前に目的や商号の類似した会社がないか確認しておきます。

【定款記載例】

> （商号）
> 第○条　当会社は、株式会社○○○と称し、英文では、○○○ inc.と表示する。

②　目的

◆限定するか、幅広くするか

　会社の定款に記載する目的は、会社設立後に変更や追加をする場合には、改めて定款変更をして登記をしなければならないため、登記費用を考慮し、当初から幅広く記載する場合もあります。

　ただし、登記された目的は誰でも閲覧が可能なため、あまり関係のない目的を多く入れすぎると、事業目的が曖昧になってしまい、第三者からの印象が良くないこともあるかもしれません。

　開業当初は、目的の数は、ほどほどにした方が良いでしょう。

◆許認可が必要な事業の場合は、文言を事前に確認する

　人材派遣業や古物商などのように、開業するのに許認可が必要な業種については、定款目的に指定された表現を使用しなければならないことがあります。

　事前に監督官庁などで確認します。

【定款記載例】

（目的）
第○条　当会社は、次の事業を営むことを目的とする。
1. 飲食店の経営
2. 食料品および飲料の販売
3. 前各号に附帯する一切の業務

③　本店所在地

◆移転する可能性が少ないところが良い

　本店所在地として登記する場所は、実際の事業所や自宅など、自由に選べますが、設立後に移転した場合には、本店移転の登記をしなければならず、手間と費用がかかることとなります。なるべく移転する可能性の少ないところにすると良いでしょう。

　なお、居住用の賃貸物件の場合には、契約により本店登記が禁止されている場合がありますので、事前に契約書などで確認します。

◆定款記載は、市区町村までで良い

　本店所在地は定款上は市区町村までの記載にしておくと、同じ市区町村内での移転の場合には、変更する必要がなく、便利です。ただし、登記上は住所をすべて記載しなければならず、同じ市区町村内の移転であっても、変更登記が必要となります。なお、ビル等の名称や階数、部屋番号は登記してもしなくてもどちらでも良いことになっています。

【定款記載例】

（本店所在地）
第○条　当会社は、本店を東京都○○区に置く。

④　機関設計

◆機関設計は自由が原則。公開会社および大会社には例外が適用

　株式会社の機関について、会社法においては、起業促進の観点から、株主総会と取締役を設置するのみのシンプルな機関設計を原則としていますが、他方において、定款で定めることにより、取締役会、監査役、監査役会、会計参与、会計監査人、委員会という機関を設置することを認めています。

　このように、機関設計は自由であるのが原則ですが、その例外として、株主が不特定多数になる可能性のある公開会社（株式の全部について譲渡制限が付されている会社以外の会社。P163参照）や、会社債権者が多数に上る可能性のある大会社については、企業統治を厳格にすることが求められるため、取締役会を設置しなければならないなどの例外規定が設けられています。

　本書においては、創業時には非公開会社であるのが通常ですので、以降は大会社ではない非公開会社を前提として解説します。

◆株式会社の機関設計のパターンは多岐にわたる

　委員会設置会社以外の非公開会社については、下記の例のような機関設計のパターンがあります。

　創業計画などに合わせ、最も合うパターンを選択します。

【機関設計の例】

```
取締役会非設置会社
● 取締役
● 取締役+監査役
● 取締役+会計参与
● 取締役+監査役+会計参与+会計監査人　等

取締役会設置会社
● 取締役会+監査役
● 取締役会+監査役+会計監査人
● 取締役会+監査役会+会計監査人
● 取締役会+会計参与
● 取締役会+監査役+会計参与+会計監査人　等
```

◆株式会社の機関

株式会社に設置される機関には、下記の種類があります。

株主総会：株主によって構成される、会社の最高意思決定機関

取締役：取締役会非設置会社の取締役は、会社の業務を執行し、原則として会社を代表する機関であり、取締役会設置会社の取締役は経営の意思決定や取締役の職務執行の監督を行います。なお、取締役会設置会社の個々の取締役は、会社の機関ではありません。

代表取締役：会社を代表する機関で、取締役会設置会社においては、業務執行も行います。なお、取締役会非設置会社の業務執行は取締役が行います。

取締役会：業務執行に関する会社の意思を決定、取締役の職務執行の監督、代表取締役の選定および解任をする機関であり、重要な財産の譲渡などの重要な業務執行をする場合には、必ず取締役会の決議が必要となります。

会計参与：取締役等と共同して、計算書類等を作成する権限を有する機関。

監査役：取締役および会計参与の職務執行の監査を行う機関。なお、公開会社以外においては、定款に定めることにより、監査の範囲を会計に関するものに限定することができます。

監査役会：監査役の職務執行に関する事項を決定する権限を有する機関。

◆取締役会設置会社か非設置会社か

　取締役会設置会社とするためには、原則として、取締役が3名以上必要であり、監査役の設置も義務づけられています。したがって、代表者が1人で創業する場合など、少人数で設立する場合には取締役会非設置会社とするべきです。

　その後、事業が軌道に乗ってきて、企業規模も大きくなってきた段階で、取締役会を設置するなどのガバナンスの強化策を検討します。

　なお、取締役として登記される以上、実質的に会社経営に関わっていない名義だけの取締役であっても、外部の利害関係者から責任を問われることもあるため、無理に人数を集め取締役会を設置することはしないようにしましょう。

◆非公開会社の役員の任期は10年以内

　株式会社の取締役および会計参与の任期は原則として「選任後2年以内に終了する事業年度のうち最終のものに関する定時株主総会の終結の時まで」となっていますが、定款に定めることにより短縮することもできます。また、非公開会社においては、定款で定めれば10年以内の範囲内で伸ばすことができます。

　監査役の任期は、原則として「選任後4年以内に終了する事業年度のうち最終のものに関する定時株主総会の終結の時まで」となっていますが、監査の実効性を確保するため、取締役等と違い任期を短縮することはできません。また、非公開会社においては、取締役と同様、定款で定めれば10年以内の範囲内で伸ばすことができます。

◆任期は親族のみなら長く、第三者が入るときは短くする

　役員の任期は、長く設定すれば、登記の頻度が少なくなり、手間とコストの節約にはなりますが、任期途中に解任した場合などには、任期までの役員報酬相当額の損害賠償を請求されるリスクがあります。

　したがって、役員が創業者1人あるいは親族や信頼の厚いパートナーのみの場合には長めに設定し、他の第三者が入るときは短めに設定する

と良いでしょう。

◆開業当初はシンプルな機関にする

開業当初は、創業者が機動的な意思決定をするためにも、シンプルな機関設計にします。具体的には、株主総会と取締役のみの機関設計がこれに該当します。

【定款記載例】〈最もシンプルなパターン〉

> （機関）
> 第○条　当会社は、機関として株主総会および取締役のみを置き、取締役会、監査役および会計参与等は設置しない。

⑤　公告方法

◆官報が一般的。コスト重視なら電子公告

会社法においては、利害関係者の保護に資するため、決算の情報や減資を行うなどの一定の事項について、公告を行わなければならないことになっています。

公告方法としては「官報に掲載」、「日刊新聞に掲載」、「ホームページに掲載（電子公告）」があります。

これらのうち、日刊新聞に掲載する場合には、費用が約50万円程度と高額なため、創業時には現実的ではありません。

そこで、官報か電子公告を選ぶこととなりますが、自社でホームページを運用しているようでしたら、費用が比較的少ない電子公告の方法を検討するのも良いでしょう。

ただし電子公告を選択する場合には、決算公告以外の法定公告については、公告が適正に行われているかについて、調査会社に調査を依頼しなければならず、余分に費用がかかります。

したがって、決算公告のための方法として電子公告を選択する場合においても、その他の法定公告については、官報を選択することができる

ようにしておきます。

　また、電子公告の場合には5年間継続して掲載しなければならず、ホームページには誰でもアクセスすることができるため、決算内容を広く公開することにもなります。

　官報と電子公告、それぞれのメリット、デメリットをよく理解した上で、自社に合ったものを選択するようにしましょう。

　なお、合同会社は決算公告の義務がないため、公告方法は「官報」にするのが無難でしょう。

　また、定款で定めない場合は株式会社、合同会社ともに「官報」に掲載することとなります。

【定款記載例】

● 「官報」

> （公告方法）
> 第〇条　当会社の公告は、官報に掲載する方法により行う。

● 「日刊新聞」

> 第〇条　当会社の公告の方法は、東京都において発行する〇〇新聞に掲載してする。

● 「電子公告」

> 第〇条　当会社の公告方法は、電子公告とする。ただし、事故その他やむを得ない事情によって電子公告による公告ができない場合は、官報に掲載してする。

● 「電子公告」と「官報」

> 第〇条　当会社の公告方法は、決算公告は電子公告とし、決算公告以外は官報に掲載する方法とする。ただし、決算公告についても、事故その他やむを得ない事情によって電子公告による公告ができない場合は、官報に掲載してする。

⑥　発行可能株式総数

◆株主の権利保護と資金調達の機動性との調整

　発行可能株式総数とは、会社が一度に発行できる株式数の上限で、こ

れを超えて発行するには、株主総会の決議が必要となります。

　例えば、取締役会の決議により株主が知らないうちに無制限に株式を発行して発行済株式数を増やしていくと、既存株主の持株割合が薄まりその権利を害することがあります。

　反面、株式を発行するたびに株主総会ですべて決議することとした場合には、株主総会の開催などの事務負担が増え、資金調達も迅速に行えなくなるおそれがあります。

　そこで、株主の権利の保護と、機動的な新株発行による資金調達との調整を図るため、あらかじめ発行できる株式の総数を定款において定めることとしています。

◆何株でも可能。余裕をもって設定する

　実務上は、資本金を増加させていく予定がある場合には、それに合わせて余裕をもって多めにしておきます。会社法施行以前は発行済株式数の4倍を超えることができないといういわゆる「4倍ルール」がありましたが、現在では公開会社以外については、この規制は撤廃されています。

【定款記載例】

> （発行可能株式総数）
> 第○条　当会社の発行可能株式総数は○万株とする。

⑦　株式の譲渡制限規定

◆譲渡制限ありにする

　株式の譲渡制限規定とは、既存株主にとって好ましくない株主が株式を取得することにより、経営に介入することを避けるために設けられる規定です。全部または一部の株式について譲渡制限を付けない場合には、会社法上、公開会社としてさまざまな規制を受けることになりますので、創業時にはすべての株式について譲渡制限を設けることをお勧めします。

◆承認機関を決める

　取締役会設置会社の場合には「取締役会の承認」、非設置会社の場合には、「株主総会の承認」とするのが通常ですが、「代表取締役の承認」あるいは「当会社の承認」とすることもできます。

　また、定款で定めれば、株主間での譲渡の場合には承認を不要とすることもできます（登記が必要です）。

　株主間の信頼関係の度合い等により、株主の保護と事務負担を考慮して定めるようにします。

【定款記載例】

（株式の譲渡制限）
第○条　当会社の発行する株式の譲渡による取得については、株主総会の承認を受けなければならない。

（株式の譲渡制限）
第○条　当会社の発行する株式の譲渡による取得については、当会社の承認を受けなければならない。ただし、当会社の株主が当会社の株式を譲渡により取得するときは、当会社が承認をしたものとみなす。

⑧　株券の発行の有無

◆原則として発行しない

　平成18年の会社法施行前は、株券を発行するのが原則でしたが、現在では原則として株券の発行はしないこととなっています。定款で定めれば、発行することもできますが、発行すると株券の管理に関する事務負担が増え、加えて会社は株券を実際に所持している者を株主として扱わなければならず（株券の資格授与的効力といいます）、株主にとっても、紛失や盗難の際のリスクが増えることとなります。

　したがって、創業にあたっては、株券は発行しない方が良いでしょう。

【定款記載例】

> （株券の不発行）
> 第○条　当会社の株式については、株券を発行しない。

⑨　決算期

◆3月が多いがいつでも可能。繁忙期を避けた方が無難

　決算期に関する決まりはなく、いつでも良いことになっていますが、官公庁の年度に合わせ3月決算にしているところが多く、特に日本の上場企業については、ほとんどの会社が3月決算となっています。

　中小企業として創業する際には、3月決算にこだわる必要はありませんが、決算期の前後は決算に関する事務負担が増加するため、繁忙期は避けた方が無難です。

　また、決算期をまたぐ仕事が多いと、売上がどちらの期に属するものかの決定や、売上と原価を対応させるための仕掛かりや在庫などの算定が複雑になるため、それを防ぐためにも、繁忙期が比較的はっきりしている場合には、その期間を避けた方が良いでしょう。

【定款記載例】

> （事業年度）
> 第○条　当会社の事業年度は、毎年○月○日から○月○日までの、年1期とする。

【定款例】

定款（例）

第1章　総則

（商号）
第1条　当会社は、株式会社○○○と称し、英文では、○○○ inc. と表示する。
（目的）
第2条　当会社は、次の事業を営むことを目的とする。

> 定款では、英文表記を
> 追加して記載できる

　1. 飲食店の経営
　2. 食料品及び飲料の販売
　3. 経営コンサルティング業
　4. イベントの企画立案、開催
　5. 前各号に附帯関連する一切の事業
（本店所在地）
第3条　当会社は、本店を東京都港区に置く。

> 定款上は市区町
> 村までで良い

（機関）
第4条　当会社は、機関として株主総会及び取締役のみを置き、取締役会、監査役
　　及び会計参与等は設置しない。
（公告）
第5条　当会社の公告は、官報に掲載してする。

第2章　株式

（発行可能株式総数）
第6条　当会社の発行可能株式総数は、1万株とする。

> 譲渡制限を付ける

（株式の譲渡制限）
第7条　当会社の発行する株式の譲渡による取得については、株主総会の承認を受
　　けなければならない。
（相続人等に対する売渡しの請求）
第8条　当会社は、当会社の株式を相続その他の一般承継により取得した者に対し、
　　当該株式を当会社に売り渡すことを請求することができる。
（株主割当てによる募集株式の発行）
第9条　株主に株式の割当てを受ける権利を与えて募集株式の発行を行う場合には、
　　会社法第199条1項各号に掲げる募集事項及び会社法第202条1項各号に掲げる
　　事項は、取締役の過半数の決定によって定める。

> 相続により株式が分散する
> のを防ぐための条文

（株券の不発行）

第10条　当会社の株式については、株券を発行しない。

原則として発行しない

（株主名簿記載事項の記載又は記録の請求）

第11条　株式取得者が株主名簿記載事項の記載又は記録を請求するには、当会社所定の書式による請求書に、その取得した株式の株主として株主名簿に記載もしくは記録された者又はその相続人、その他の一般承継人と株式取得者が署名又は記名押印し、共同して当会社に提出しなければならない。ただし、法務省令で定める場合には、株式取得者が単独で上記請求をすることができる。

（質権の登録及び信託財産の表示）

第12条　当会社の株式について質権の登録又は信託財産の表示を請求するには、当会社所定の請求書に当事者が署名又は記名押印し、これを当会社に提出しなければならない。その登録又はその表示の抹消についても同様とする。

（手数料）

第13条　前2条に定める請求をする場合には、当会社所定の手数料を支払わなければならない。

株主総会で権利行使できる株主を特定する

（基準日）

第14条　当会社は、毎事業年度末日の最終の株主名簿に記載又は記録された議決権を有する株主をもって、その事業年度に係る定時株主総会において権利を行使することができる株主とする。

2　前項のほか、株主又は登録株式質権者として権利を行使することができる者を確定するため必要があるときは、予め公告して臨時に基準日を定めることができる。

（株主の住所等の届出）

第15条　当会社の株主及び登録株式質権者又はその法定代理人もしくは代表者は、当会社所定の書式により、その氏名又は名称、住所及び印鑑を当会社に届け出なければならない。届出事項に変更を生じたときも、その事項につき同様とする。

第3章　株主総会

招集手続き

（招集）

第16条　当会社の定時株主総会は、毎事業年度終了日の翌日から3ヶ月内に招集し、臨時株主総会はその必要がある場合に随時これを招集する。

2　株主総会を招集するには、会日より1週間前までに、議決権を行使することができる各株主に対し招集通知を発するものとする。ただし、招集通知は、書面ですることを要しない。

（招集手続の省略）　**全員の同意があれば省略できる**

第17条　株主総会は、その総会において議決権を行使することができる株主全員の同意があるときは、招集手続を経ずに開催することができる。

（議長）

第18条　株主総会の議長は、社長がこれに当たる。社長に事故があるときは他の取締役がこれに代わり、取締役の全員に事故があるときは出席株主の中から選出され

た者がこれに代わる。

（決議の方法）

第19条　株主総会の決議は、法令又は定款に別段の定めがある場合のほか、出席した議決権を行使することができる株主の議決権の過半数をもって決する。 **普通決議**

2　会社法第309条第2項の定めによる決議は、定款に別段の定めがある場合を除き、議決権を行使することができる株主の議決権の過半数を有する株主が出席し、出席した当該株主の議決権の3分の2以上をもってこれを行う。 **特別決議**

（株主総会の決議の省略）

第20条　株主総会の決議の目的たる事項について、取締役又は株主からの提案があった場合において、その事項につき議決権を行使することができるすべての株主が、書面によってその提案に同意したときは、その提案を可決する旨の株主総会の決議があったものとみなす。 **全員の同意があれば省略できる**

（代理人）

第21条　株主は代理人によって議決権を行使することができる。ただし、この場合には株主総会毎に代理権を証する書面を提出しなければならない。

2　前項の代理人は当会社の議決権を有する株主に限るものとし、かつ2人以上の代理人を選任することはできない。

（議事録）

第22条　株主総会における議事の経過の要領及びその結果等については、これを法務省令で定めるところにより記載又は記録した議事録を作成し、議事録の作成に係る職務を行った取締役がこれに署名又は記名押印する。ただし、電磁的記録により作成する場合においては、電子署名にて行う。

第4章　取締役

（取締役の員数）

第23条　当会社には、取締役1名以上を置く。 **最もシンプルなパターン**

（取締役の選任等）

第24条　取締役は、株主総会において議決権を行使することができる株主の議決権の過半数を有する株主が出席し、出席した当該株主の議決権の過半数をもって選任する。選任については、累積投票によらないものとする。

2　取締役を複数名置くときは、株主総会において代表取締役を1名以上選定する。

3　代表取締役が1名のときはその者を社長とし、代表取締役を複数名置くときは、株主総会の決議によってうち1名を社長とする。

（取締役の任期）

第25条　取締役の任期は、選任後2年以内に終了する事業年度のうち最終のものに関する定時株主総会の終結の時までとする。 **最長10年。取締役に第三者がいる場合には長くしすぎない**

2　補欠又は増員として選任された取締役の任期は、前任者又は他の在任取締役の任期の残存期間と同一とする。

第5章　計　算

（事業年度）
第26条　当会社の事業年度は、毎年4月1日から翌年3月31日までの年1期とする。
（剰余金の配当）
第27条　当会社は、株主総会の決議によって、毎事業年度末日における最終の株主名簿に記載もしくは記録された株主又は登録株式質権者に対して剰余金の配当をする。
2　前項の剰余金の配当は、その支払提供の日から満3年を経過しても受領のないときは、当会社は支払の義務を免れるものとする。
3　剰余金の配当には利息をつけない。

第6章　附　則

設立時の資本金額

（設立に際して出資される財産の最低額）
第28条　当会社の設立に際して出資される財産の最低額は、金500万円とする。
（最初の事業年度）
第29条　当会社の最初の事業年度は、当会社成立の日から令和6年3月31日までとする。
（発起人の氏名及び住所）
第30条　当会社の発起人の氏名及び住所は次のとおりである。
　　　　　　東京都港区○○○一丁目2番3号
　　　　　　　　　　○○　　○○
　　　　　　東京都中央区○○○五丁目6番7号
　　　　　　　　　　○○　　○○
（法令の準拠）
第31条　この定款に規定のない事項は、すべて会社法その他の法令に従う。

以上、株式会社○○○設立に際し、発起人○○○○他1名の定款作成の代理人である司法書士○○○○は、電磁的記録である本定款を作成し、電子署名をする。

　　　　　　　　令和5年5月6日

　　　　　　　　　発 起 人　　○　○　　　○　○

　　　　　　　　　発 起 人　　○　○　　　○　○

　　　　　　上記発起人2名の定款作成代理人

　　　　　　　　東京都○○区○○○五丁目6番7-500号
　　　　　　　　　司法書士　○　○　　　○　○

7 設立登記申請

◆法務局で申請する。登記申請日が設立日となる

　法務局において申請をした日が、設立登記日となりますが、土日祭日は法務局が休みのため、設立日とすることはできません。

　設立登記日は、登記情報にも会社成立の日として記載され、登記をやり直さない限り変更はできませんので、あらかじめ良い日を選んで、余裕をもって手続きを進めましょう。

8 登記完了後の確認（登記事項証明書の見方）

◆登記事項証明書を取得し確認する

　設立登記が完了したら、登記事項証明書を取得します。登記情報は公開されている重要な情報ですので、登記された事項に間違いがないか確認します。

　また、登記事項証明書は、自社の銀行口座開設や税務署への開業届、社会保険の加入などさまざまな場面で必要となるだけでなく、取引先の情報を調べる際など、会社経営をしていく上で確認する機会が多くなります。

　基本的な見方は覚えておきましょう。

【登記事項証明書の例】

履歴事項全部証明書

商業登記法に基づく番号
（マイナンバーはこの番号
の左に1桁の検査用数字
を加えたもの）

東京都**中央区**○○一丁目2番3号
株式会社　○○○

会社法人等番号	○○○○-○○-○○○○○○○
商号	株式会社○○○
本店	東京都**中央区**○○一丁目2番3号
公告をする方法	当会社の公告は、官報に掲載してする。
貸借対照表に係る情報の提供を受けるために必要な事項	http：//www．×××××
会社成立の年月日	令和 5年 10月　1日
目　的	1．飲食店業 2．食料品及び飲料の販売 3．経営コンサルティング業 4．広告代理店業務 5．前各号に附帯する一切の業務
単元株式数	株
発行可能株式総数	5000株
発行済株式の総数並びに種類及び数	発行済株式の総数 500株
資本金の額	金500万円
株式の譲渡制限に関する規定	当会社の発行する株式の譲渡による取得については、株主総会の承認を受けなければならない。ただし、当会社の株主に譲渡する場合は承認したものとみなす。
役員に関する事項	取締役　○○　○○ 東京都渋谷区○○4丁目5番6号 代表取締役　○○　○○
登記記録に関する事項	設立 令和 5年 10月　1日登記

（ローマ字やアラビア数字なども使用できる）

ビル名、部屋番号等の記載は任意

他に「電子公告」「日刊新聞」に掲載の方法も選べる

会社設立日

いくつ記載してもよいが、創業時はほどほどに

一度に発行できる株式数の上限

既に発行されている株式数

これにより非公開会社となる。創業時は規定すべき事項

取締役1名のみの最もシンプルな例

代表取締役は住所が記載される

これは登記簿に記載されている閉鎖されていない事項の全部であることを
証明した書面である。
　　　令和5年○月○日登記
　　　○○法務局○○出張所
　　　登記官　○○　○○

職印

整理番号　エ××××××　＊　下線のあるものは抹消事項であることを示す。1／1

融資審査の摩訶不思議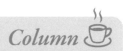

　会社の顧問として、融資を受ける側の支援をさせていただくようになって約30年になりますが、融資の審査については、「摩訶不思議」と感じることが少なからずあったような気がします。

　この会社はこの金額ならまったく問題ないなと思っているのに、やたら審査に時間がかかり、挙句の果てに減額されたり却下されることがあったかと思うと、逆にこの財務内容にこの金額は難しいだろうなと思っていた会社の融資があっけなくすんなりと通ってしまったり……。

　さまざまな要因が考えられますが、審査する側とされる側、それぞれに問題がありそうです。

　従来、融資の審査といえば、会社の利益ばかりを重視して、企業側もとにかく利益を出す決算書の作成を会計事務所へ求め、会計事務所も税務さえ問題なければ大丈夫といった姿勢のところも少なくなかったような気がします。

　無理に利益を出したように見せかけると、必ず財務諸表の表示が歪みます。同じ利益でも貸借対照表に資産価値のない資産などが計上されていれば、実質的な会社の実力は違いますよね。

　前述の審査の不思議な結果は、真面目に会計を行った故？　という側面もあり、お客様には申し訳なく、また、腹立たしくも思います。

　不適正な審査による融資は、貸す側借りる側双方にとって、必ず不幸な結果を招きます。

　経営環境は日々刻々と変化し融資の審査は簡単ではありませんが、真実に基づく適正な審査という意識を、金融機関も会計事務所も共有すべきときにきているのではないでしょうか。

第 5 章

創業に必要な届出・手続きをめぐるキホンと支援

I 開業時の税務

❶ 税務署への届出

◆提出期限に注意する。特に青色申告届出書、消費税関係の届出書の影響は重大

　個人事業を開始した場合、または、会社を設立した場合には、税務署に、各種の届出書を提出します。各届出書には提出期限が定められていますが、特に青色申告の承認申請書は各種の税制の優遇措置を受けるために必要ですので、提出期限には注意します。

　消費税関係の届出書は、提出するかしないかで、納税額または還付税額に大きな影響が出る場合があるので、提出について十分に検討します。

　また、必ず提出する主な届出書以外でも、評価方法の選択に関する届出書等、提出することにより、税務上、より有利な扱いを受けられるものもあります。ただし、課税方式や評価方法等の選択届出書の多くは、いったん提出した場合には、申告月になって計算してみてからの変更は認められませんので、翌期の事業計画などについて十分に検討してから提出するようにしましょう。

【税務署への主な届出一覧】

個人事業	法　人
●個人事業の開業・廃業等届出書 ●所得税の青色申告承認申請書 ●青色事業専従者給与に関する届出書 ●給与支払事務所等の開設届出書 ●源泉所得税の納期の特例の承認に関する申請書 <div align="right">他</div>	●法人設立届出書 ●青色申告の承認申請書 ●給与支払事務所等の開設届出書 ●源泉所得税の納期の特例の承認に関する申請書 <div align="right">他</div>

※消費税に関する以下の届出書も提出する場合があります。
- 課税事業者を選択する場合には「消費税課税事業者選択届出書」
- 課税事業者である場合には「消費税簡易課税制度選択届出書」の提出の有無を検討
- インボイス発行事業者の登録をする場合には「消費税適格請求書発行事業者の登録申請書」

① 開業の届出

◆**開業したら必ず提出する。法人は添付書類を忘れずに**

ア. 個人事業主：「個人事業の開業等届出書」

開業日から1か月以内に、住所地または事業所所在地を管轄する税務署長に、所得の種類、開業日、事業の概要等を記載して提出します。

なお、個人事業の場合の開業日は、法人と違い登記などで確定された日はありません。税法等にも明確な規定はなく、いくつかの考え方がありますが、一般的には開業準備が完了し、業務ができる状態となった日と考えられます。

実務上は、例えば店舗を構える業種の場合には、店舗の開店日にすることも多いようです。

イ. 法人：「法人設立届出書」

法人の場合には、設立登記の申請日が開業日となり、会社成立の日として登記されます。その会社成立の日以後2か月以内に、本店の所在地を管轄する税務署長に、設立年月日、事業年度、事業の目的等を記載して提出します。

なお、提出の際には、会社設立時に公証人の認証を受けた定款の写し等を添付します。

【個人事業の開業・廃業等届出書　記載例】

<table>
<tr><td colspan="2">税務署受付印</td><td colspan="3" style="text-align:right">1 0 4 0</td></tr>
<tr><td colspan="5" style="text-align:center">個人事業の(開業)・廃業等届出書</td></tr>
</table>

税務署受付印

○○　税務署長

令和5年　10月　15日 提出

個人事業の(開業)・廃業等届出書

納 税 地	○住所地・○居所地・○事業所等(該当するものを選択してください。) (〒×××-××××) **東京都○○区○○○ 1-2-3** (TEL　　–　　–　　)
上記以外の 住所地・ 事業所等	納税地以外に住所地・事業所等がある場合は記載します。 (〒　　–　　) (TEL　　–　　–　　)

フ リ ガ ナ	○○○　　○○○	生年月日	○大正 ●昭和 ○平成 ○令和　50年 10月 1日生
氏　名	○○　　○○		
個人番号	┆ ┆ ┆ ┆ ┆ ┆ ┆ ┆ ┆ ┆ ┆		
職　業	**飲食店の経営**	フリガナ 屋　号	**カフェ○○**

個人事業の開廃業等について次のとおり届けます。

届 出 の 区 分	●開業(事業の引継ぎを受けた場合は、受けた先の住所・氏名を記載します。) 住所 _____　氏名 _____ 事務所・事業所の(○新設・○増設・○移転・○廃止) ○廃業(事由) 　(事業の引継ぎ(譲渡)による場合は、引き継いだ(譲渡した)先の住所・氏名を記載します。) 住所 _____　氏名 _____
所 得 の 種 類	○不動産所得・○山林所得・●事業(農業)所得〔廃業の場合……○全部・○一部(　　　　)〕
開業・廃業等日	開業や廃業、事務所・事業所の新増設等のあった日　**令和5年　10月　1日**
事業所等を 新増設、移転、 廃止した場合	新増設、移転後の所在地　　　　　　　　(電話) 移転・廃止前の所在地
廃業の事由が法 人の設立に伴う ものである場合	設立法人名　　　　　　代表者名 法人納税地　　　　　　　　　　設立登記　　年　月　日
開業・廃業に伴 う届出書の提出 の有無	「青色申告承認申請書」又は「青色申告の取りやめ届出書」　○有・○無 消費税に関する「課税事業者選択届出書」又は「事業廃止届出書」　○有・○無
事業の概要 できるだけ具体 的に記載します。	**飲食店**

開業日を記載。店の場合は、開店日でも良い

専従者および使用人の人数と給与の支給形態について記載

給与等の支払の状況	区 分	従事員数	給与の定め方	税額の有無	その他参考事項
	専 従 者	**1**人	**固定給**	○有・○無	
	使 用 人	**2**	**時間給**	○有・○無	
				○有・○無	
	計	**3**			

源泉所得税の納期の特例の承認に関する申請書の 提出の有無	○有・○無	給与支払を開始する年月日	**令和5年 12月 25日**

最初の給料日

関与税理士 (TEL　　–　　–　　)	税務署整理欄	整 理 番 号	関係部門連絡	A	B	C	番号確認	身元確認
		0 ┆						□ 済 □ 未済
		源泉用紙交付	通信日付印の年月日 年　月　日	確 認	確認書類 個人番号カード/通知カード・運転免許証 その他(　　)			

176

【法人設立届出書　記載例】

法人設立届出書

| ※ 整理番号 | |

本店又は主たる事務所の所在地	〒×××－×××× 大阪府○○市○○ 3-2-1　電話(06) ××××－××××
納　税　地	〒　同上
（フリガナ） 法　人　名	○○ ○○ ○○ ㈱○○○
法　人　番　号	1 2 3 4 5 6 7 8 9 1 2 3 4
（フリガナ） 代表者氏名	○○○　○○○ ○○ ○○
代表者住所	〒×××－×××× 大阪府△△市△△ 1-2-3　電話(06) ××××－××××

令和 5 年10月 5 日

○○ 税務署長殿

新たに内国法人を設立したので届け出ます。

管轄の税務署 国税庁ホームページで確認

国税庁法人番号公表サイトでも確認できる

会社設立の日 登記事項証明書で確認

設立年月日	令和 5 年10月 1 日	事業年度	(自) 4 月 1 日 (至) 3 月 31	定款で確認する
設立時の資本金又は出資金の額	5,000,000 円	消費税の新設法人に該当することとなった事業年度開始の日	令和　年　月　日	
事業の目的	（定款等に記載しているもの）飲食店業 食料品の販売　他（現に営んでいる又は営む予定のもの）飲食店業	店・出張所・工場等	所　在　地	

登記事項証明書で確認

資本金が1,000万円以上の場合のみ記載

定款に記載されている目的のうち主なものを1〜2件記載

実際に営むもの

設立の形態	① 個人企業を法人組織とした法人である場合(税務署)(整理番号:) 2 合併により設立した法人である場合 3 新設分割により設立した法人である場合 (□分割型・□分社型・□その他) 4 現物出資により設立した法人である場合 5 その他( )
設立の形態が2〜4である場合の適格区分	適　格・その他
事業開始（見込み）年月日	令和　年　月　日
「給与支払事務所等の開設届出書」提出の有無	有　・　無
関与税理士	氏　名	
	事務所所在地	電話( ) －

| 添付書類 | 1 定款等の写し 2 その他 ( ) |

| 税理士署名 | |

| ※税務署処理欄 | 部門 | 決算期 | 業種番号 | 番号 | 入力 | 名簿 | 通信日付印 | 年 月 日 | 確認 |

（規格A4）

03. 06 改正

177

② 青色申告の申請

◆設立時の届出書の中で最も大切。個人、法人ともに提出期限にはくれぐれも注意する

　青色申告は、帳簿の記帳等、一定の要件を満たした場合に、税制上の特典を付与する制度であるため、個人、法人ともに、創業した際には必ず提出しておくべき届出書です。

　また、税制上の特典のためだけでなく、融資を受ける場合など**外部の利害関係者に対して決算書を提出する場合においては、青色申告による決算書でないと、評価が良くありません。**

　個人事業者も法人も、事業を開始したら忘れずに提出するようにしましょう。

　なお、個人と法人では、提出期限および特典に違いがあるので注意します。

ア. 個人事業主：「所得税の青色申告承認申請書」

●提出期限は事業開始年度の3月15日あるいは事業開始後2か月以内

　個人事業の場合の申請書提出期限は、新たに青色申告の申請をする場合には、その年の3月15日、その年の1月16日以降に新規に業務を開始した場合には業務を開始した日から2か月以内となっています。

　提出が遅れると、開業年度において、青色申告をした場合に認められるさまざまな特典が受けられなくなるため、開業日が決まったら、余裕を持って提出することが大切です。

● 「開業日」に注意する

　申請書の提出期限の起算日は開業日（業務を開始した日）ですが、開業日の定義が必ずしも明確ではないため、自分で決めた開業日後、2か月以内ぎりぎりではなく、早めに提出しておくと安心です。

●青色申告特別控除と純損失の繰越控除は影響が大きい

　個人事業の青色申告の特典には以下のようなものがありますが、特に

所得から55万円または65万円（一定の場合には10万円）を控除する青色申告特別控除や、事業の損失を翌年以降3年間にわたり繰り越せる純損失の繰越控除は、申告納税額に与える影響が大きいので、忘れずに提出します。

【参考】個人事業の青色申告の主な特典

特　典	内　容
青色申告特別控除 ＜最大65万円の控除を受けられる＞	対象 不動産所得または事業所得を生ずべき事業を営んでいる青色申告者 要件 複式簿記により記帳し、法定申告期限内に申告している場合 控除額 所得から55万円または10万円（記帳要件を満たさない場合）を控除する （e-taxの利用など一定の要件を満たす場合は65万円）
青色事業専従者給与 ＜家族の給与を経費にできる＞	要件 ● 青色申告者と生計を一にしている配偶者等の親族 ● 年齢15歳以上 ● 事業に専ら従事 ● 青色専従者給与に関する届出書を、給与を経費にする年の3月15日まで（1月16日以降開業の場合または新たに専従者となった場合には、その日から2か月以内）に提出すること 経費額 届出書に記載された適正額
貸倒引当金 ＜貸倒見込額を経費にできる＞	対象 事業所得を生ずべき事業を営んでいる青色申告者 要件 貸金の帳簿価額の合計額の5.5%（金融業は3.3%）以下の金額を貸倒引当金勘定に繰り入れる 経費額 繰り入れた金額
純損失の繰越しと繰戻し ＜損失を翌年以降3年間繰り越せる＞	対象者 事業所得などの損失の金額がある青色申告者 繰越額 損益通算後の損失の残額 繰越期間 翌年以降3年間

【所得税の青色申告承認申請書　記載例】

税務署受付印

`1 0 9 0`

所得税の青色申告承認申請書

_____○○_____ 税務署長

令和 5 年 10 月 15 日 提出

納　税　地	●住所地・○居所地・○事業所等（該当するものを選択してください。） （〒×××－××××） 東京都○○区○○○ 1-2-3 　　　　　　　　　　　　　　　　　　　（TEL　03 －　　－　　　）
上記以外の 住所地・ 事業所等	納税地以外に住所地・事業所等がある場合は記載します。 （〒　　－　　　） 　　　　　　　　　　　　　　　　　　　（TEL　　　－　　－　　　）
フリガナ	○○○　　　　　○○○
氏　　名	○○　　　○○
職　　業	飲食店の経営
フリガナ	○○
屋　号	カフェ○○

生年月日：○大正 ●昭和 ○平成 ○令和　50 年 10 月 1 日生

> 年度を間違えな
> いように注意

令和 __5__ 年分以後の所得税の申告は、青色申告書によりたいので申請します。

1　事業所又は所得の基因となる資産の名称及びその所在地（事業所又は資産の異なるごとに記載します。）

　　名称_____　所在地_____

　　名称_____　所在地_____

> 複数の店舗がある場合に記載
> 1店舗の場合には記載しなくてよい

2　所得の種類（該当する事項を選択してください。）

　　●事業所得　・○不動産所得　・○山林所得

3　いままでに青色申告承認の取消しを受けたこと又は取りやめをしたことの有無

　　⑴　○有（○取消し・○取りやめ）　___年___月___日　　⑵　●無

4　本年1月16日以後新たに業務を開始した場合、その開始した年月日　令和 5 年 10 月 1 日

> 開業日

5　相続による事業承継の有無

　　⑴　○有　相続開始年月日　___年___月___日　被相続人の氏名_____　⑵　●無

6　その他参考事項

　　⑴　簿記方式（青色申告のための簿記の方法のうち、該当するものを選択してください。）

　　　　●複式簿記・○簡易簿記・○その他（　　　　　　　　　　　）

> 55万円（65万円）
> の控除を受ける場合
> の記載例

　　⑵　備付帳簿名（青色申告のため備付ける帳簿名を選択してください。）

　　　　●現金出納帳・●売掛帳・●買掛帳・●経費帳・●固定資産台帳・●預金出納帳・○手形記入帳
　　　　○債権債務記入帳・○総勘定元帳・○仕訳帳・○入金伝票・○出金伝票・○振替伝票・○現金式簡易帳簿・○その他

　　⑶　その他

関与税理士 （TEL　　　－　　－　　　）	税務署 整理欄	整　理　番　号	関係部門 連　絡	A	B	C
		0				
		通 信 日 付 印 の 年 月 日	確　認			
		年　　月　　日				

180

【青色事業専従者給与に関する届出書　記載例】

| | | | | 1 | 1 | 2 | 0 |

税務署受付印

青色事業専従者給与に関する　●届　　出　書
　　　　　　　　　　　　　　　　　○変更届出

○○　税務署長

令和5年 10月 15日 提出

納税地	●住所地・居所地・●事業所等（該当するものを選択してください。） （〒　　－　　） **東京都○○区○○○ 1-2-3** （TEL　03 －　　－　　）
上記以外の住所地・事業所等	納税地以外に住所地・事業所等がある場合に記載します。 （〒　　－　　） （TEL　　－　　－　　）
フリガナ	○○○　　○○○	生年月日	○大正 ●昭和 ○平成 ○令和　50年 10月 1日生
氏　名	○○　　○○		
職　業	**飲食店の経営**	フリガナ / 屋号	○○ / **カフェ○○**

令和5年 10月 以後の青色事業専従者給与の支給に関しては次のとおり　●定　　め　　た
ので届けます。　　　　　　　　　　　　　　　　　　　　　　　　　　○変更することとした

具体的な業務の内容

業務に関連した資格があれば記載する

1　青色事業専従者給与（裏面の書き方をお読みください。）

	専従者の氏名	続柄	年齢 経験 年数	仕事の内容・従事の程度	資格等	給料 支給期 / 金額（月額）	賞与 支給期 / 支給の基準（金額）	昇給の基準
1	○○○○	妻	35歳 3年	経理事務、 月～金、 1日8時間	日商簿記 3級	毎月 25日 / 250,000円	7月 / 給与20日分 12月 / 給与20日分	
2								
3								

出勤日、時間等を記載

支給上限額。この金額以内なら、実際の支給はこの通りでなくても良い

2　その他参考事項（他の職業の併有等）　　3　変更理由（変更届出書を提出する場合、その理由を具体的に記載します。）

4　使用人の給与（この欄は、この届出（変更）書の提出日の現況で記載します。）

	使用人の氏名	性別	年齢 経験 年数	仕事の内容・従事の程度	資格等	給料 支給期 / 金額（月額）	賞与 支給期 / 支給の基準（金額）	昇給の基準
1	○○○○	女	30歳 2年	販売業務、 月～金、 1日8時間		毎月 25日 / 250,000円	7月 / 給与20日分 12月 / 給与20日分	
2								
3								
4								

※ 別に給与規程を定めているときは、その写しを添付してください。

| 関与税理士 |
| （TEL　　－　　－　　） |

税務署整理欄	整理番号	0	関係部門連絡	A	B	C
	通信日付印の年月日		確認			
	年　月　日					

イ. 法人：「青色申告の承認申請書」

●法人は会社設立後3か月以内、または、設立事業年度終了の日のいずれか早い日が提出期限

　法人の場合には、会社設立の日以後3か月を経過した日と設立事業年度終了の日のうち、いずれか早い日の前日までに提出します。提出が遅れると、個人事業者と同様、会社設立初年度においては、各種の青色申告の特典が受けられなくなり、その影響は重大です。

●欠損金の繰越控除、各種特別控除は影響が大きい

　特典は右記の通り、さまざまなものがありますが、特に、会社設立初年度は諸々のコストがかかり赤字である場合が多いことを考えると、欠損金の繰越控除を受けられず、初年度の赤字が切り捨てられることとなった場合にはその影響は小さくありません。

　例えば、初年度に1,000万円の赤字が出た場合には、法人税等の実効税率を30％と仮定すれば、次年度以降の納税額が300万円も過大となってしまうことになります。

　個人事業者の場合と同様、くれぐれも提出期限に遅れることのないよう、余裕をもって提出することが大切です。

【青色申告の主な特典】

特　典	内　容
青色欠損金の繰越控除 <欠損金を繰り越せる>	要件 欠損金が生じた事業年度において青色申告による確定申告書を提出し、その後、連続して確定申告書を提出 繰越期間 10年間（平成30年3月31日以前に開始した事業年度において生じた欠損金の繰越期間は9年間）
青色欠損金の繰戻還付 <今期の欠損金で、前期の法人税の還付を受ける>	要件 青色申告書を提出する事業年度に欠損金が生じたこと 繰戻期間等 事業年度開始の日前1年以内に開始したいずれかの事業年度に繰り戻して還付を請求できる
各種特別償却 <償却費を前倒し計上>	要件 租税特別措置法等に定める制度ごとの要件に合致すること 特別償却額 各制度ごとに定める額
各種法人税額の特別控除 <法人税から一定額を控除>	要件 租税特別措置法等に定める制度ごとの要件に合致すること 特別控除額 各制度ごとに定める額
少額減価償却資産の特例 <一括して損金算入>	対象者 中小企業者等 要件 取得価額30万円未満の減価償却資産を、令和8年3月31日までに取得し事業供用 損金算入額 取得価額相当額 限度額 1事業年度300万円
推計課税の制限 <帳簿に基づく調査に限定>	要件 帳簿書類の作成 内容 税務調査は帳簿に基づき行われ推計課税は行われない

【青色申告の承認申請書記載例】

税務署受付印

青 色 申 告 の 承 認 申 請 書

※整理番号 [　　　]

納　税　地	〒×××-×××× 大阪府○○市○○ 3-2-1 電話(06)××××-××××
（フリガナ）	○○　○○　○○
法 人 名 等	㈱○○○
法 人 番 号	1|2|3|4|5|6|7|8|9|1|2|3|4
（フリガナ）	○○○　○○○
代 表 者 氏 名	○○　　○○
代 表 者 住 所	〒×××-×××× 大阪府△△町△△ 1-2-3
事 業 種 目	飲食店　業
資 本 金 又 は 出 資 金 額	5,000,000　円

令和 5 年 10 月 5 日

○○ 税務署長殿

> 事業年度は間違えると
> 青色申告が認められない
> ことがあるため注意する

自令和 5 年 10 月 1 日
至令和 6 年 3 月 31 日

> 設立1期目の事業年度

事業年度から法人税の申告書を青色申告書によって提出したいので申請します。

記

> 設立の場合はここ

それぞれ□にレ印を付すとともに該当の年月日等を記載してください。

☐ 青色申告書の提出の承認を取り消され、又は青色申告書による申告書の提出をやめる旨の届出書を提出した後に再び青色申告書の提出の承認を申請する場合には、その取消しの通知を受けた日又は取りやめの届出書を提出した日　　　　　　　　　　　　　　　　　　　　　　　　　平成・令和　　年　　月　　日

☑ この申請後、青色申告書を最初に提出しようとする事業年度が設立第一期等に該当する場合には、内国法人である普通法人若しくは協同組合等にあってはその設立の日、内国法人である公益法人等若しくは人格のない社団等にあっては新たに収益事業を開始した日、公共法人に該当していた収益事業を行う公益法人等にあっては当該公益法人等に該当することとなった日、又は公共法人若しくは収益事業を行っていない公益法人等に該当していた普通法人若しくは協同組合等にあっては当該普通法人若しくは協同組合等に該当することとなった日　　　　　　　　　　　平成・令和 5 年 10 月 1 日

> 設立日

☐ 所得税法等の一部を改正する法律（令和2年法律第8号）（以下「令和2年改正法」といいます。）による改正前の法人税法（以下「令和2年旧法人税法」といいます。）第4条の5第1項（連結納税の承認の取消し）の規定により連結納税の承認を取り消された後に青色申告書の提出の承認を申請する場合には、その取り消された日　　　　　　　　　　　　　　　　　　　　　　　　　平成・令和　　年　　月　　日

☐ 令和2年旧法人税法第4条の5第2項各号の規定により連結納税の承認を取り消された場合には、同項各号のうち、取消しの基因となった事実に該当する号及びその事実が生じた日　　　　　　令和2年旧法人税法第4条の5第2項第　　号　　　　　　　　　　　　　　　　　　　　　　　平成・令和　　年　　月　　日

☐ 連結納税の取りやめの承認を受けた日を含む連結親法人事業年度の翌事業年度に青色申告書の提出をしようとする場合には、その承認を受けた日　　　　　　　　　　　　　令和　　年　　月　　日

☐ 令和2年改正法附則第29条第2項の規定による届出書を提出した日を含む最終の連結事業年度の翌事業年度に青色申告書の提出をしようとする場合には、その届出書を提出した日　　　　令和　　年　　月　　日

2　参考事項
(1)　帳簿組織の状況

> 基本的な帳簿名を記載

伝票又は帳簿名	左の帳簿 の 形 態	記 帳 の 時 期	伝票又は帳簿名	左の帳簿 の 形 態	記 帳 の 時 期
現金出納帳	会計ソフト	毎日			
仕訳帳	会計ソフト	随時			
総勘定元帳	会計ソフト	随時			

(2)　特別な記帳方法の採用の有無
　イ　伝票会計採用
　ロ　電子計算機利用

(3)　税理士が関与している場合におけるその関与度合

税 理 士 署 名	

※税務署 処理欄	部 門	決算 期	業種 番号	番 号	入 力	備 考	通信 日付印	年 月 日	確認

（規格A4）

05.06 改正

③　給与関連の届出書

◆人を雇う場合等には提出する「給与支払事務所開設届出書」

　個人事業主も法人も、社員やアルバイトなど人を採用して給料を支払う場合には、開設年月日、給与支払事務所の所在地等を記載した届出書を、開設の日から1か月以内に、個人事業主は住所地または事業所所在地、法人の場合には本店所在地を管轄する税務署長へ提出します。

人さえいれば　人材確保は生き残りのための最重要課題 *Column*

　経営者の方々から相談を受ける悩みの中で、「お金」と同じくらい多いのは「人」についてです。

　でも、相談はされるのですが、私も同じ悩みを抱えているものですから、アドバイスといえるほどのことも言えず、愚痴の言い合い？　の様相を呈してしまいます。

　特に近年、少子化の影響で人が集まりにくく、頭を悩ませている経営者も多いと思います。

　「人さえいれば……仕事はあるのに……」何度聞いた言葉でしょう。

　でも、「給料は上げたいけれど先立つものが……」と嘆くわりには、決算書に高級外車が載っているなんてこともあり、優先順位が違うのでは？と思うこともあります。

　経営者が自分一人でできることは限られている以上、パートナーである従業員を大事にすることより優先順位の高いことはありませんよね。

　これからは少子化が進展し、人材確保に強みを持つ企業でなければ生き残れないと言っても過言ではありません。

　創業支援を行う者にとっては、採用をいかに行うかと同時に、採用した人材の育成、良い人材が長くとどまってくれるような環境づくりについて、助言をすることが求められます。

　かくいう私も、高級外車こそ持ってはいませんが、他人事ではありません。

　創業支援を行う者として、「人さえいれば……」と嘆く前に、まず自分自身の行動から見直さなければと思う今日この頃です。

【給与支払事務所等の開設届出書　記載例】

※ 整理番号	

給与支払事務所等の開設・移転・廃止届出書

税務署受付印

令和 5 年 10 月 5 日

○○ 税務署長殿

所得税法第230条の規定により次の
とおり届け出ます。

会社設立日

事務所開設者	住所又は本店所在地	〒 ×××－×××× **大阪府○○市○○ 3-2-1** 電話（ 06 ）××××－××××
	（フリガナ）	
	氏名又は名称	㊑○○○
	個人番号又は法人番号	↓個人番号の記載に当たっては、左端を空欄とし、ここから記載してください。 1 2 3 4 5 6 7 8 9 1 2 3 4
	（フリガナ）	○○○　　　○○○
	代表者氏名	○○　　　○○

（注）「住所又は本店所在地」欄については、個人の方については申告所得税の納税地、法人については本店所在地（外国法人の場合には国外の本店所在地）を記載してください。

開設・移転・廃止年月日	令和 5 年 10 月 1 日	給与支払を開始する年月日	令和 5 年 12 月 25

最初の給料日

○届出の内容及び理由
（該当する事項のチェック欄□に✓印を付してください。）

設立の場合はここ

開設	✓ 開業又は法人の設立
	□ 上記以外 ※本店所在地等とは別の所在地に支店等を開設した場合
移転	□ 所在地の移転
	□ 既存の給与支払事務所等への引継ぎ （理由）□ 法人の合併　□ 法人の分割　□ 支店等の閉鎖 □ その他 （　　　　　）
廃止	□ 廃業又は清算結了　□ 休業
その他	（　　　　　　　　　　　）

「給与支払事務所等について」欄の記載事項

	開設・異動前	異動後
	開設した支店等の所在地	
	移転前の所在地	移転後の所在地
	引継ぎをする前の給与支払事務所等	引継先の給与支払事務所等
	異動前の事項	異動後の事項

○給与支払事務所等について

	開設・異動前	異動後
（フリガナ）		
氏名又は名称		
住所又は所在地	〒 電話（　　　）　　－	〒 電話（　　　）　　－
（フリガナ）		
責任者氏名		

従事員数	役員	**1** 人	従業員	**2** 人	（　） 人	（　） 人	（　） 人	計 人

（その他参考事項）

役員、従業員の人数を記載

税理士署名	

※税務署処理欄	部門	決算期	業種番号	入力	名簿等	用紙交付	通信日付印	年 月 日	確認
	番号確認	身元確認 □ 済 □ 未済	確認書類 個人番号カード／通知カード・運転免許証 その他（　　　）						

（規格 A 4）

03.06 改正

186

④ 源泉所得税関連の届出書

◆ 「源泉所得税の納期の特例の承認に関する届出書」を提出すれば、毎月の納税が半年に一度に

　個人事業主および法人ともに、社員またはアルバイトなどへ給料を支払う際には、支給する給料から、社会保険料とともに、源泉所得税を差し引いて支給することとなりますが、その差し引いた源泉所得税は、原則として翌月10日までに納付書を作成し、金融機関の窓口等にて納税しなければなりません。

　ただし、小規模事業者の納税事務負担を考慮し、毎月の給与の支給人員が常時10人未満である場合には、この届出書を提出することにより、原則として届出書を提出した日の翌月に支払う給与等から、7月10日と1月20日を納期限とする、年2回の納税で済むことになっています。

　なお、半年分まとめて払うと一度に払う税額が大きくなることから、小規模事業者であっても、あえて毎月納税している場合があります。その場合であっても、実務上は、人数の要件を満たしている場合には、この届出書を提出しておくようにします。そうすることによって、翌月10日より納税が遅れた場合であっても、特例の納期限である7月10日と1月20日までに納税すれば、延滞とは扱われず、加算税や延滞税は課されないこととなるからです。

【源泉所得税の納期の特例の承認に関する申請書　記載例】

源泉所得税の納期の特例の承認に関する申請書

	※整理番号	

税務署受付印	住 所 又 は 本 店 の 所 在 地	〒×××-×××× 大阪府○○市○○ 3-2-1　　電話　06 － ××××－××××
	（フリガナ）	○○　○○　○○
令和 5 年 10 月 5 日	氏 名 又 は 名 称	㈱○○○
	法 人 番 号	※個人の方は個人番号の記載は不要です。 1 2 3 4 5 6 7 8 9 1 2 3 4
	（フリガナ）	○○○　　○○○
○○　税務署長殿	代 表 者 氏 名	○○　　○○

次の給与支払事務所等につき、所得税法第 216 条の規定による源泉所得税の納期の特例についての承認を申請します。

設立時には記載しなくてよい

給与支払事務所等に関する事項	給与支払事務所等の所在地　※ 申請者の住所（居所）又は本店（主たる事務所）の所在地と給与支払事務所等の所在地とが異なる場合に記載してください。	〒　　　　　　電話　　－	**本店と同じであれば記載しなくてよい**		
	申請の日前 6 か月間の各月末の給与の支払を受ける者の人員及び各月の支給金額〔外書は、臨時雇用者に係るもの〕	月 区 分	支 給 人 員	支 給 額	
		年　月	外　　　　　人	外　　　　　円	
		年　月	外　　　　　人	外　　　　　円	
		年　月	外　　　　　人	外　　　　　円	
		年　月	外　　　　　人	外　　　　　円	
		年　月	外　　　　　人	外　　　　　円	
		年　月	外　　　　　人	外　　　　　円	
	1　現に国税の滞納があり又は最近において著しい納付遅延の事実がある場合で、それがやむを得ない理由によるものであるときは、その理由の詳細				
	2　申請の日前 1 年以内に納期の特例の承認を取り消されたことがある場合には、その年月日				

税 理 士 署 名	

※税務署処理欄	部門	決算期	業種番号	番号	入力	名簿	通信日付印	年 月 日	確認	

03. 06 改正

188

⑤　消費税関係の届出書

◆提出を忘れると影響は重大。必ず専門家に相談する

　消費税の届出書で特に注意が必要なのは、「消費税課税事業者選択届出書」および「消費税簡易課税制度選択届出書」です。いずれもその選択により、納税額および還付額に大きな影響を及ぼしますが、細かな要件や2期継続適用が必要など、提出すべきかの判断は容易ではありません。

　判断を誤ると影響が大きいだけに、専門家への相談をお勧めします。

◆インボイス発行事業者の登録申請を検討する

　令和5年10月1日よりインボイス制度の運用が始まりました。発行事業者の登録は任意ですが、登録しないと取引先の消費税の計算において、仕入税額控除が制限（経過措置があります。P101参照）されるため、会社を設立したら早めの検討が必要です。

　開業後インボイス発行事業者となる場合には、個人事業者の開業の日の属する年12月末までに、法人の場合は設立事業年度末日までに、「適格請求書発行事業者の登録申請書」を提出すれば、開業・設立日から発行事業者になることができます（開業した個人事業者および資本金1,000万円未満の新設法人の場合には、消費税課税事業者選択届出書の提出も併せて必要ですが、令和11年9月30日までは経過措置により登録申請書のみの提出で良いことになっています）。

　ただし、登録が遅れると、後日、登録番号の通知やインボイスを記載した請求書等の再交付が必要となります。自社のみならず取引先の事務負担も増えてしまうことになるため、登録する場合は早めに対応しましょう。

【適格請求書発行事業者の登録申請書の記載例（新たに事業開始した日の属する課税期間の初日から登録を受けようとする事業者）】

第1－(3)号様式

国内事業者用

適格請求書発行事業者の登録申請書

【1／2】

収受印		
令和 6 年 2 月 15 日	（フリガナ）	フクオカケン○○市○○
	住所又は居所 （法人の場合） 本 店 又 は 主たる事務所 の 所 在 地	（〒×××-××××） ◎（法人の場合のみ公表されます） 福岡県○○市○○1－2－3 （電話番号 ×××－×××－××××）
申	（フリガナ）	（〒　－　）
	納 税 地	同上 （電話番号　　－　　－　　）
請	（フリガナ）	○○　　　○○
	氏 名 又 は 名 称	㈱○○○
	（フリガナ）	○○○　　　○○○
者	（法人の場合） 代 表 者 氏 名	○○○　　○○○
○○ 税務署長殿	法 人 番 号	1 2 3 4 5 6 7 8 9 1 2 3 4

この申請書に記載した次の事項（ ◎ 印欄）は、適格請求書発行事業者登録簿に登載されるとともに、国税庁ホームページで公表されます。
1 申請者の氏名又は名称
2 法人（人格のない社団等を除く。）にあっては、本店又は主たる事務所の所在地
　なお、上記1及び2のほか、登録番号及び登録年月日が公表されます。
　また、常用漢字等を使用して公表しますので、申請書に記載した文字と公表される文字とが異なる場合があります。

下記のとおり、適格請求書発行事業者としての登録を受けたいので、消費税法第57条の2第2項の規定により申請します。

事 業 者 区 分	この申請書を提出する時点において、該当する事業者の区分に応じ、□にレ印を付してください。 ※ 次葉「登録要件の確認」欄を記載してください。また、免税事業者に該当する場合には、次葉「免税事業者の確認」欄も記載してください（詳しくは記載要領等をご確認ください。）。	
	□ 課税事業者（新たに事業を開始した個人事業者又は新たに設立された法人等を除く。）	
	□ 免税事業者（新たに事業を開始した個人事業者又は新たに設立された法人等を除く。）	
	☑ 新たに事業を開始した個人事業者又は新たに設立された法人等	課 税 期 間 の 初 日
	☑ 事業を開始した日の属する課税期間の初日から登録を受けようとする事業者 ※ 課税期間の初日が令和5年9月30日以前の場合の登録年月日は、令和5年10月1日となります。	令和 6 年 2 月 1 日
	□ 上記以外の課税事業者	
	□ 上記以外の免税事業者	
税 理 士 署 名		（電話番号　　－　　－　　）

2か所にチェック

法人は設立日、個人事業者は事業開始の日

この申請書は、令和五年十月一日から令和十二年九月二十九日までの間に提出する場合に使用します。

※税務署処理欄	整理番号		部門番号		申請年月日	年　月　日	通信日付印	確認
	入力処理	年　月　日	番号確認		身元確認	□済 □未済	確認書類 個人番号カード／通知カード・運転免許証 その他（　　　）	
	登録番号 T							

注意　1　記載要領等に留意の上、記載してください。
　　　2　税務署処理欄は、記載しないでください。
　　　3　この申請書を提出するときは、「適格請求書発行事業者の登録申請書（次葉）」を併せて提出してください。

事業を開始した課税期間の初日から登録を受ける場合は記載不要

必ず記載

第1－(3)号様式次葉

国内事業者用

適格請求書発行事業者の登録申請書（次葉）

【2／2】

この申請書は、令和五年十月一日から令和十二年九月二十九日までの間に提出する場合に使用します。

氏名又は名称	㈱○○○

免税事業者の確認

該当する事業者の区分に応じ、□にレ印を付し記載してください。

□ 令和11年9月30日までの日の属する課税期間中に登録を受け、所得税法等の一部を改正する法律（平成28年法律第15号）附則第44条第4項の規定の適用を受けようとする事業者
　※ 登録開始日から納税義務の免除の規定の適用を受けないこととなります。

個人番号				
事業内容等	生年月日（個人）又は設立年月日（法人）	1明治・2大正・3昭和・4平成・5令和　年　月　日	法人のみ記載　事業年度	自　月　日　至　月　日
			資本金	円
	事業内容		登録希望日	令和　年　月　日

□ 消費税課税事業者（選択）届出書を提出し、納税義務の免除の規定の適用を受けないこととなる翌課税期間の初日から登録を受けようとする事業者
　※ この場合、翌課税期間の初日から起算して15日前の日までにこの申請書を提出する必要があります。

翌課税期間の初日：令和　年　月　日

□ 上記以外の免税事業者

登録要件の確認

課税事業者です。 ※ この申請書を提出する時点において、免税事業者であっても、「免税事業者の確認」欄のいずれかの事業者に該当する場合は、「はい」を選択してください。	□ はい　☑ いいえ
納税管理人を定める必要のない事業者です。 （「いいえ」の場合は、次の質問にも答えてください。）	☑ はい　□ いいえ
（納税管理人を定めなければならない場合（国税通則法第117条第1項） 【個人事業者】 国内に住所及び居所（事務所及び事業所を除く。）を有せず、又は有しないこととなる場合 【法人】 国内に本店又は主たる事務所を有しない法人で、国内にその事務所及び事業所を有せず、又は有しないこととなる場合）	
納税管理人の届出をしています。 「はい」の場合は、消費税納税管理人届出書の提出日を記載してください。 消費税納税管理人届出書　（提出日：令和　年　月　日）	□ はい　□ いいえ
消費税法に違反して罰金以上の刑に処せられたことはありません。 （「いいえ」の場合は、次の質問にも答えてください。）	☑ はい　□ いいえ
その執行を終わり、又は執行を受けることがなくなった日から2年を経過しています。	□ はい　□ いいえ

相続による事業承継の確認

相続により適格請求書発行事業者の事業を承継しました。 （「はい」の場合は、以下の事項を記載してください。）			□ はい　□ いいえ
適格請求書発行事業者の死亡届出書	提出年月日　令和　年　月　日	提出先税務署	税務署
被相続人　死亡年月日	令和　年　月　日		
被相続人　（フリガナ）納税地	（〒　－　）		
被相続人　（フリガナ）氏名			
被相続人　登録番号	T		

参考事項

◆免税事業者が還付を受けたいときは「消費税課税事業者選択届出書」を提出（インボイス発行事業者でない場合）

　事業を開始した初年度は、基準期間の売上高がないため、個人事業者および資本金が1,000万円未満の法人については、消費税の納税義務がありません（インボイス発行事業者の場合には、課税事業者となり納税義務は免除されません）。

　納税義務が免除されている場合には、申告納税の義務がないかわりに、還付申告もできないため、もし仮にこの状態で多額の設備投資を行った場合で、その年度の課税売上高が少額な場合には、設備投資にかかる消費税を取り戻す手段がないことになります。

　そのような場合には、この届出書を提出することにより、設備投資にかかる消費税額の還付を受けることができるようになります。

　例えば、設立初年度の課税売上高が税抜き200万円の場合に設備投資額等が税抜き1,000万円であったとすると、この届出書を提出することにより、設備投資の際に支払った消費税のうち80万円の還付を受けられることになるため、その影響は小さくありません。

◆「消費税簡易課税制度選択届出書」の提出を検討する

　消費税の計算方法には、一般課税方式と簡易課税方式があります。

　一般課税方式は、課税売上にかかる消費税から、課税仕入れにかかる消費税を控除した残額を納税する方法ですが、小規模事業者の事務負担を考慮して、課税売上にかかる消費税額の一定割合を課税仕入れにかかる消費税額とみなす、簡易課税方式による申告納税が認められています。

　簡易課税方式は基準期間（原則として前々課税期間）の課税売上高が5,000万円以下である課税期間について選択届出書を提出した場合に認められますが、設立2事業年度は基準期間がないため、選択届出書を提出すれば要件を満たすことになります。

　仕入れや経費があまりかからない業種等、実際に支払った課税仕入れに係る消費税額がみなし仕入率により計算した消費税額に満たない場合には、簡易課税を選択した方が、有利になることになります。

【消費税課税事業者選択届出書　記載例】

第1号様式

消費税課税事業者選択届出書

収受印			
令和 5 年 10 月 5 日	届 出 者	（フリガナ） 納　税　地	ミヤギケン○○シ○○ （〒 ×××－××××） 宮城県○○市○○ 3-2-1 （電話番号　×××－×××－××××）
		（フリガナ） 住所又は居所 （法人の場合） 本 店 又 は 主たる事務所 の 所 在 地	（〒　　－　　） 同上 （電話番号　　　－　　　－　　　）
		（フリガナ） 名称（屋号）	○○　○○○ ㈱○○○
		個 人 番 号 又 は 法 人 番 号	1 個人番号の記載に当たっては、左端を空欄とし、ここから記載してください。 1 2 3 4 5 6 7 8 9 1 2 3 4
		（フリガナ） 氏　　名 （法人の場合） 代表者氏名	○○○　　○○○ ○○　　○○
		（フリガナ） （法人の場合） 代表者住所	ミヤギケン△△シ△△ 宮城県△△市△△ 1-2-3 （電話番号　×××－×××－××××）
○○ 税務署長殿			

設立初年度から適用を受ける場合の例
年度はくれぐれも間違えないように注意する

下記のとおり、納税義務の免除の規定の適用を受けないことについて、消費税法第9条第4項の規定により届出します。

適用開始課税期間	自 ○平成 ◉令和　5 年 10 月 1 日	至 ○平成 ◉令和　6 年 3 月 31 日

上記期間の	自 ○平成 ○令和　年 月 日	左記期間の総売上高	円
基 準 期 間	至 ○平成 ○令和　年 月 日	左記期間の課税売上高	円

事業内容等	生年月日（個人）又は設立年月日（法人）	1明治・2大正・3昭和・4平成・5令和 ○ ○ ○ ○ ◉ 5 年 10 月 1 日	法人のみ記載	事業年度	自 4 月 1 日 至 3 月 31 日
				資 本 金	5,000,000 円
	事業内容	**法人の場合は会社成立の日**	届出区分	事業開始・設立・相続・合併・分割・特別会計・その他 ○ ○ ○ ○ ○ ○ ○
	参考事項		税理士署名	（電話番号　　　－　　　－　　　）

開業初年度または2年度目の場合は記載しない

※税務署処理欄	整理番号		部門番号					
	届出年月日	年 月 日	入力処理	年 月 日	台帳整理	年 月 日		
	通信日付印 確認	年 月 日	番号確認		身元確認	□ 済 □ 未済	確認書類	個人番号カード／通知カード・運転免許証 その他（　　　）

注意　1．裏面の記載要領等に留意の上、記載してください。
　　　2．税務署処理欄は、記載しないでください。

【消費税簡易課税制度選択届出書　記載例】

消 費 税 簡 易 課 税 制 度 選 択 届 出 書

収受印

令和 5 年 10 月 5 日	届出者	（フリガナ）	ミヤギケン○○シ○○
		納税地	（〒×××－××××） 宮城県○○市○○ 3-2-1 （電話番号 ×××－×××－××××）
		（フリガナ）	○○　○○○○　○○○　○○○
		氏名又は名称及び代表者氏名	㈱○○○○ ○○　○○　※個人の方は個人番号の記載は不要です。
○○税務署長殿		法人番号	1 2 3 4 5 6 7 8 9 1 2 3 4

> 適用を受けようとする課税期間

下記のとおり、消費税法第37条第1項に規定する簡易課税制度の適用を受けたいので、届出します。

☐ 所得税法等の一部を改正する法律（平成28年法律第15号）附則第51条の2第6項の規定又は消費税法施行令等の一部を改正する政令（平成30年政令第135号）附則第18条の規定により消費税法第37条第1項に規定する簡易課税制度の適用を受けたいので、届出します。

①	適用開始課税期間	自 令和 5 年 4 月 1 日　至 令和 6 年 3 月 31 日	
②	①の基準期間	自 令和 5 年 4 月 1 日　至 令和 6 年 3 月 31 日	
③	②の課税売上高	31,000,000	円

> 個人は前々年、法人は前々事業年度

> 5千万円超の場合は適用を受けられない

事業内容等	（事業の内容）飲食店業		（事業区分）第 4 種事業

> 業種により1種から6種まであり

提出要件の確認	次のイ、ロ又はハの場合に該当する （「はい」の場合のみ、イ、ロ又はハの項目を記載してください。）		はい ☐　いいえ ☑

> 「はい」の場合には、適用を受けられない場合がある

	消費税法第9条第4項の規定により課税事業者を選択している場合	課税事業者となった日	令和　年　月　日	
イ		課税事業者となった日から2年を経過する日までの間に開始した各課税期間中に調整対象固定資産の課税仕入れ等を行っていない		はい ☐
ロ	消費税法第12条の2第1項に規定する「新設法人」又は同法第12条の3第1項に規定する「特定新規設立法人」に該当する（該当していた）場合	設立年月日	令和　年　月　日	
		基準期間がない事業年度に含まれる各課税期間中に調整対象固定資産の課税仕入れ等を行っていない		はい ☐
ハ	消費税法第12条の4第1項に規定する「高額特定資産の仕入れ等」を行っている場合（同条第2項の規定の適用を受ける場合） （仕入れ等を行った資産が高額特定資産に該当する場合はAの欄を、自己建設高額特定資産に該当する場合は、Bの欄をそれぞれ記載してください。）	A	仕入れ等を行った課税期間の初日　令和　年　月　日	
			この届出による①の「適用開始課税期間」は、高額特定資産の仕入れ等を行った課税期間の初日から、同日以後3年を経過する日の属する課税期間までの各課税期間に該当しない	はい ☐
		B	仕入れ等を行った課税期間の初日　○平成 ○令和　年　月　日	
			建設等が完了した課税期間の初日　令和　年　月　日	
			この届出による①の「適用開始課税期間」は、自己建設高額特定資産の建設等に要した仕入れ等に係る支払対価の額の累計額が1千万円以上となった課税期間の初日から、自己建設高額特定資産の建設等が完了した課税期間の初日以後3年を経過する日の属する課税期間までの各課税期間に該当しない	はい ☐

※ 消費税法第12条の4第2項の規定による場合は、ハの項目を次のとおり記載してください。
1 「自己建設高額特定資産」を「調整対象自己建設高額資産」と読み替える。
2 「仕入れ等を行った」は、「消費税法第36条第1項又は第3項の規定の適用を受けた」と、「自己建設高額特定資産の建設等に要した仕入れ等に係る支払対価の額の累計額が1千万円以上となった」は、「調整対象自己建設高額資産について消費税法第36条第1項又は第3項の規定の適用を受けた」と読み替える。

※ この届出書を提出した課税期間が、上記イ、ロ又はハに記載の各課税期間である場合、この届出書提出後、届出を行った課税期間中に調整対象固定資産の課税仕入れ等又は高額特定資産の仕入れ等を行うと、原則としてこの届出書の提出はなかったものとみなされます。詳しくは、裏面をご覧ください。

参　考　事　項	
税理士署名	（電話番号　－　－　）

※税務署処理欄	整理番号		部門番号		
	届出年月日	年　月　日	入力処理	年　月　日	台帳整理 年　月　日
	通信日付印　確認 年　月　日		番号確認		

注意 1．裏面の記載要領等に留意の上、記載してください。
　　　2．税務署処理欄は、記載しないでください。

194

◆提出期限に注意する

　「消費税課税事業者選択届出書」と「消費税簡易課税事業者選択届出書」の提出期限は、開業初年度は課税期間の終了の時まで、その後の年度は適用を受けようとする課税期間開始の日の前日（前課税期間の末日）までとなっています。

　提出が1日でも遅れると、適用が認められなくなりますので、提出期限には十分に注意します。

※免税事業者がインボイスの発行事業者の登録をしたことにより令和5年10月1日から課税事業者となる場合には、令和5年10月1日を含む課税期間中に簡易課税制度選択届出書を提出すれば、その課税期間から簡易課税を選択することができます。

◆提出の判断は慎重に

　「消費税課税事業者選択届出書」と「消費税簡易課税制度選択届出書」は提出すれば課税上有利になることがある反面、いったん提出すると、2年間継続適用しなければなりません。翌期の予測も十分に考慮して提出しないと、2期通算ではかえって納税額が増えてしまうことにもなりかねないので、注意が必要です。

　また、一定の高額特定資産を購入し、消費税額の還付を受けた場合には、一定期間、簡易課税の選択ができないなど、細かな規定が存在します。

　納税額に与える影響が大きいため、安易に判断せず、専門家に相談することをお勧めします。

【参考】消費税の仕組み

① 納付税額の計算

消費税は、売上の際に預かった消費税額（「売上に係る消費税」といいます）から、仕入れや備品等の購入の際に購入代価とともに支払った消費税額（「仕入れに係る消費税」といいます）を差し引いた差額を計算し納付する税金です。

$$\boxed{消費税納付額} = \boxed{売上に係る消費税額} - \boxed{仕入れに係る消費税額}$$

なお、仕入れに係る消費税額を差し引くためには法定の記載要件を満たしたインボイスを保存する必要があります（P.100参照）。

② 課税の対象

消費税の対象となる取引は、「事業者が、国内において、対価を得て行う資産の譲渡および役務の提供」とされており、消費税における課税売上および課税仕入れとは、会計における売上および仕入れよりも範囲が広くなっています。

具体的には、課税売上には商品の譲渡やサービスの提供のほか、固定資産の売却代金なども含まれ、課税仕入れには、商品仕入れのほか、外注費、経費、固定資産の購入費用なども含まれます。

③ 簡易課税制度

納付額の算定の際に、売上に係る消費税額から差し引く仕入れに係る消費税額について、実額ではなく、売上に係る消費税額にみなし仕入率（業種により40％〜90％）を乗じて計算した金額を、仕入れに係る消費税額とみなして計算する方法。実額で計算した金額より、みなし仕入率を乗じて計算した額が多くなる場合には、簡易課税制度を選択した方が有利となります。

※免税事業者がインボイスの発行事業者になることにより新たに課税事業者となった場合には、①または③の計算方法に代えて、売上にかかる消費税額の2割を納付税額とする経過措置（令和8年9月30日まで。P101参照）が講じられています。

④ 申告納税

消費税の申告および納税は年に1回の確定申告および年に1回〜11回の中間申告により行います。

⑥ その他の届出書（減価償却方法、外貨建資産負債の換算方法等）

◆提出すれば有利になることもあるが、判断は慎重に。毎期決算日到来前に早めに専門家に相談する

個人事業主の場合、例えば、減価償却方法について届出書を提出しない場合には法定償却方法として、定額法が適用されます。仮に事業を開

始して早々に利益計上が見込まれる場合には、減価償却方法の変更届出書を提出し、償却方法を定率法に変更すると、費用計上のタイミングが早くなり、税金計算上、有利になることがあります。

　法人においても、減価償却方法や棚卸資産の評価方法、外貨建資産等の期末換算方法等、届出により変更あるいは選択した方が有利になる場合があります。

　特に為替相場の変動が激しい場合には、換算方法の選択によっては、決算時の外貨建資産債務の換算により、思わぬ税金が発生することもあります。いずれも細かな要件や、今後の予測に基づき判断しなければならないなどの問題もあるため、慎重な判断が必要です。

　専門家でも見落とすことがあるため、前述した消費税の届出書等とともに、毎期の決算日到来前に、必ず顧問税理士等に相談するようにしましょう。

② 道府県税事務所および市役所(東京23区は都税事務所)への届出
◆様式、提出期限などは各自治体のホームページなどで確認する

　法人を設立した場合には、国税のみならず、地方税に関する届出書の提出も必要となりますが、現時点においては、様式や提出期限などは各自治体によりさまざまです。

　それぞれ自治体のホームページなどで確認した上で、提出します。

　例えば、東京都の場合には、個人事業主および法人とも「事業開始等申告書」を事業開始の日から15日以内に提出することになっています。

③ 創業後の税務関係業務
① 年間スケジュール
◆スケジュールを把握し、納税予定を資金繰り予定表に織り込む

　創業後には、さまざまな税金の申告と納税を行わなければなりません。申告や納付漏れがあると、加算税が課される場合があるだけでなく、融資の審査などでも問題となることがあります。

　また、納付予定として把握されていない急な納税は、資金繰りにも大

きな影響を与えますので、年間の申告および納税のスケジュールを把握
し、毎月確認するようにしましょう。

【法人の決算関連】

時期	項目	期限
決算月	●法人税、住民税、事業税、消費税の確定申告および納税（税務署、都道府県、市区町村）	●事業年度終了後2か月以内
中間決算月	●法人税、住民税、事業税、消費税※の中間申告および納税（税務署、都道府県、市区町村）	●事業年度開始の日から6月を経過する日から2月以内 ※消費税の中間申告は、前年の納税額により、3か月ごとあるいは毎月の場合がある

【毎月納付のもの】

時期	項目	期限
毎月	●源泉所得税の納税（納期特例分以外） ●特別徴収住民税	●給与等の支払月の翌月10日 ●月割額を徴収した月の翌月10日

【その他】

時期	項目	期限
1月	●納期特例分の源泉所得税の納税（7～12月分） ●法定調書合計表（支払調書等添付）の提出（税務署） ●給与支払報告書の提出（市区町村） ●固定資産税の償却資産の申告書の提出（市区町村） ●個人住民税の第4期分の納付	●1月20日 ●1月末日 ●1月末日 ●1月末日 ●市区町村の条例で定める日

2月	●固定資産税の第4期分の納付	●市区町村の条例で定める日
3月	●所得税の確定申告および納税 ●贈与税の申告および納税 ●個人事業者の消費税の確定申告および納税	●3月15日 ●3月15日 ●3月末日
4月		
5月	●自動車税の納付 ●固定資産税の第1期分の納付	●都道府県の条例で定める日 ●市区町村の条例で定める日
6月	●個人住民税の第1期分の納付	●市区町村の条例で定める日
7月	●納期特例分の源泉所得税の納税（1〜6月分） ●所得税の第1期分予定納税額の納税 ●固定資産税の第2期分の納付	●7月10日 ●7月末日 ●市区町村の条例で定める日
8月	●個人事業者の消費税の中間申告および納税 ※消費税の中間申告は、前年の納税額により、3か月ごとあるいは毎月の場合がある ●個人事業税の第1期分納付 ●個人住民税の第2期分の納付	●8月末日 ●都道府県の条例で定める日 ●市区町村の条例で定める日
9月		
10月	●個人住民税の第3期分の納付	●市区町村の条例で定める日
11月	●所得税の第2期分予定納税額の納税 ●個人事業税の第2期分納付	●11月末日 ●都道府県の条例で定める日
12月	●固定資産税の第3期分の納付	●市区町村の条例で定める日

② 給料の源泉所得税

◆源泉所得税は、毎月発生する。毎月の納税か年２回の特例を選択

　毎月支給する給与は、社会保険料の本人負担分のほか、源泉所得税および住民税を控除して支給します。

　控除した源泉所得税および住民税は原則として給与を支給した日の属する月の翌月10日までに納付書を作成し金融機関等で納付しますが、半年分をまとめて後払いする納期の特例を選択することができます。

◆給与所得は年末調整で精算する

　給料から源泉徴収される所得税は、社会保険料や扶養以外の所得控除等が考慮されていない概算額であるため、毎年度の終了時に、正しい額に再計算し、精算する必要があります。

　この手続きを年末調整といいます。

　年末調整は、年末に在籍する従業員から、扶養控除等申告書および配偶者控除申告書、保険料控除申告書の提出を受けて計算処理を行い、毎月控除されていた源泉徴収額が、再計算した年税額を超える場合には最後の給料の支払時等に給与の支払者から還付され、不足する場合には徴収されます。

　計算が終了したら、計算の過程を示す源泉徴収簿を提出された扶養控除等申告書などとともに保管します。

　なお、年末調整の対象となる人は以下のとおりです。

年末調整の 対象となる人	次のいずれかに該当する人 （1）1年を通じて勤務している人 （2）年の途中で就職し、年末まで勤務している人 （3）年の途中で退職した人のうち、次の人 　①死亡により退職した人 　②著しい心身の障害のため退職した人で、その退職の時期から見て、本年中に再就職ができないと見込まれる人 　③12月中に支給期の到来する給与の支払を受けた後に退職した人 　④いわゆるパートタイマーとして働いている人などが退職した場合で、本年中に支払を受ける給与の総額が103万円以下である人（退職後本年中に他の勤務先等からの給与の支払を受けると見込まれる場合を除きます） （4）年の途中で、海外の支店へ転勤したことなどの理由により、非居住者となった人（非居住者とは、国内に住所も1年以上の居所も有しない人をいいます）
年末調整の 対象と ならない人	次のいずれかに該当する人 （1）上の欄に掲げる人のうち、本年中の主たる給与の収入金額が2,000万円を超える人 （2）上の欄に掲げる人のうち、災害により被害を受けて、「災害被害者に対する租税の減免、徴収猶予等に関する法律」の規定により、本年分の給与に対する源泉所得税および復興特別所得税の徴収猶予または還付を受けた人 （3）2か所以上から給与の支払を受けている人で、他の給与の支払者に扶養控除等（異動）申告書を提出している人や、年末調整を行うときまでに扶養控除等（異動）申告書を提出していない人（月額表または日額表の乙欄適用者） （4）年の途中で退職した人で、「年末調整の対象となる人」欄の（3）に該当しない人 （5）非居住者 （6）継続して同一の雇用主に雇用されていないいわゆる日雇労働者など（日額表の丙欄適用者）

③ 報酬等の源泉所得税

◆給与以外でも個人への支払の際には確認する。毎月納税なので期限に注意

給与以外にも、個人に支払う弁護士報酬、税理士報酬、司法書士報酬、原稿料、出演料等一定の報酬については、所得税を源泉徴収の上、原則として翌月10日までに納付します。

給与から差し引かれる源泉所得税について納期の特例を選択している場合でも、弁護士報酬、税理士報酬等の一定の報酬以外は、納期の特例が認められず、翌月10日までの納税となるので、区分に注意します。

【納期の特例の対象】

納期の特例の対象	毎月納付
弁護士・税理士等の報酬	原稿料・講演料等 外交員報酬・出演料等 ホステス報酬等

◆源泉徴収の対象となる報酬は多岐にわたる

源泉徴収の対象となる報酬は、弁護士や税理士等の士業への報酬、原稿料や講演料等がありますが、次ページの通り、多岐にわたります。限定列挙なので、記載されている以外は、源泉徴収の義務はありませんが、判断に迷うものについては、専門家に相談しましょう。

◆期限後納税には不納付加算税のペナルティ

源泉所得税は、期限後に納付した場合には、10%（自主納付の場合には5%）の不納付加算税および延滞税が課せられます。不納付加算税は延滞の期間にかかわらず一律に課せられるので、その負担は少なくありません。

納期限に注意するとともに、税務調査等で徴収および納付漏れの指摘を受けないよう、個人への支払取引の発生時には、源泉徴収すべき取引かどうかについて、必ず確認するようにしましょう。

【弁護士、税理士等】

区分	源泉徴収する所得税額
弁護士、公認会計士、税理士、社会保険労務士、弁理士等の業務に関する報酬・料金	報酬・料金の額×10% ただし、同一人に対し1回に支払われる金額が100万円を超える場合には、その超える部分については20%
企業診断員（中小企業診断士等）の業務に関する報酬・料金	
司法書士の業務に関する報酬・料金	（報酬料金の額−1回の支払につき1万円）×10%
土地家屋調査士の業務に関する報酬・料金	
測量士等の業務に関する報酬・料金	報酬・料金の額×10%
建築士の業務に関する報酬・料金	ただし、同一人に対し1回に支払われる金額が100万円を超える場合には、その超える部分については20%

【原稿料、講演料等】

区分	源泉徴収する所得税額
原稿の報酬	報酬・料金の額×10% ただし、同一人に対し1回に支払われる金額が100万円を超える場合には、その超える部分については20%
挿絵の報酬	
写真の報酬	
作曲の報酬	
レコード、テープ、ワイヤーの吹き込みの報酬	
デザインの報酬	
放送謝金	
著作権の使用料	
著作隣接権の使用料	
工業所有権等の使用料	
講演の報酬・料金	
脚本の報酬・料金	
脚色の報酬・料金	
翻訳の報酬・料金	
通訳の報酬・料金	
校正の報酬・料金	
書籍の装丁の報酬・料金	
速記の報酬・料金	
版下の報酬・料金	
投資助言業務に係る報酬・料金	

【外交員報酬、出演料等】

区分	源泉徴収する所得税額
職業野球、プロサッカー、プロテニス選手、プロゴルファー、プロボーラー、職業拳闘家、プロレスラーの業務に関する報酬・料金	報酬・料金の額×10% ただし、同一人に対し1回に支払われる金額が100万円を超える場合には、その超える部分については20%
自動車レーサー、競馬の騎手、自転車競技、モーターボート競走の選手の業務に関する報酬・料金	
モデルの業務に関する報酬・料金	
外交員、集金人または電力量計の検針人の業務に関する報酬・料金	(報酬・料金の額−控除金額※)×10% ※控除金額……同一人に対してその月中に支払われる金額について、12万円(別に給料の支払があるときは、12万円からその月中に支払われる給与の金額を控除した残額)
映画、演劇その他芸能またはラジオ放送やテレビジョン放送の出演や演出または企画の報酬・料金等	報酬・料金の額×10% ただし、同一人に対し1回に支払われる金額が100万円を超える場合には、その超える部分については20%
芸能人の役務の提供を内容とする事業を行う者のその役務提供に関する報酬・料金	

【ホステス報酬等】

区分	源泉徴収する所得税額
ホステス、バンケットホステス、コンパニオン等の業務に関する報酬・料金	(報酬・料金の額−控除金額※)×10% ※控除金額……同一人に対して1回に支払われる金額について、5,000円にその支払金額の計算期間の日数を乗じて計算した金額(別に給料の支払をする場合には、その計算した金額からその計算期間の給与の額を控除した残額)

④　固定資産税関連

◆市区町村から賦課される固定資産税と、申告が必要な償却資産税がある

　固定資産税は、土地建物について課せられる固定資産税と備品などの償却資産にかかる償却資産税に分けられます。

　土地建物にかかる固定資産税については、毎年1月1日現在において保有する土地建物について、市区町村等の評価委員等が3年に一度(基準年度)、評価額および税額を算出します。

　償却資産については、毎年１月末日までに、市区町村等に対し１月１日現在保有する器具備品等の情報を記載した、償却資産税申告書を提出し、市区町村が評価額および税額を算出します。

　いずれも毎年５月頃に、市区町村等から納税通知書が送付され、一括あるいは年４回に分けて納税します。

⑤　法人税等確定申告および中間申告

◆事業年度終了後２か月以内に申告納税をする。期中の納税予測が大切

　会社の場合には、各事業年度終了の日から２か月以内に、法人税等（法人税、地方法人税、法人住民税、法人事業税）の申告および納税を行います。原則として申告期限と税金の納期限が一緒ですので、期中から損益予測に基づく納税額の予測を行い、納税のための資金繰りに支障を来さないように気をつけます。

　なお、法人税等および消費税の申告期限については、会計監査を受けるために決算が２か月以内に確定しない場合等には、届出により申告期限の延長を受けることができます。ただし、納付期限は延長されないこと、および経営管理の観点からは早期の決算の方が望ましいこと等を考えると、中小企業は延長をしない方が無難かもしれません。

◆税額が増えれば半年後にも予定納税がある

　確定申告により計算された法人税の年税額が、20万円を超える場合には、半年後に確定申告納税額の２分の１の額を予定納税として納税しなければなりません。

　ただし、半期において仮決算を行い、算出した法人税等が、予定納税額より少ないときは、予定納税に代えて、その少ない税額による申告および納税を行うことが認められています。

◆原則は予定納税、資金繰りが厳しい場合には仮決算

　予定納税額は、確定決算の時に確定申告納税額の前払いとして精算され、払い過ぎの場合には利息が付いて還付されます。

仮決算を行っても、最終的な年間の税負担額は変わらないのに、事務負担のみ増えることとなってしまいますので、予定納税額と仮決算による納税額の差額が大きい場合で、資金繰りの関係上、どうしても上半期時点での納税額を抑えたい場合に限り、仮決算による申告納税を行うと良いでしょう。

⑥　消費税

◆課税期間終了後2か月以内に申告納税をする

　消費税は、課税期間終了後2か月以内に確定申告を行い納税をします。課税期間とは、個人事業者の場合には1月から12月の暦年で、法人の場合には事業年度となります。

　消費税の納税額は、「売上に係る消費税」から、「仕入れに係る消費税」を差し引いた差額を計算し納税します。

◆日々の取引の課税区分チェックが大切

　消費税の申告税額を計算するためには、個々の取引について、課税取引、非課税取引、課税対象外取引、課税取引のうち食料品などの軽減税率対象取引も区分します。

　また、課税売上割合が95%未満の場合や、課税売上高が5億円を超えるような規模になると、課税仕入れに係る消費税額について、課税売上のみに対応するもの、非課税売上にのみ対応するもの、両者に共通するものに、取引ごとに区分を行う必要があります。

　さらに、インボイス制度に関し、課税仕入れについては適格請求書の入手の有無も、記録しておかなければなりません。

　消費税の課税区分の確認は膨大な量に及ぶこともあるため、正しい申告納税額を算定するには、決算時のみでなく、日々の会計処理を行う際のチェックが欠かせません。

◆納税額が一定の額を超えると、中間申告が必要となる

　確定申告納税額が一定の金額を超えると、翌期の納税額の前払いとし

て中間申告による納税を行うこととなります。

　なお、中間申告対象期間を1課税期間とみなして仮決算を行い算定した納税額が中間申告納税額を下回るときは、仮決算による申告および納税を行うことができます。

【中間申告の回数および納付額】

直前課税期間の 確定消費税額	回数	中間納付税額
48万円以下	なし	－
48万円超400万円以下	年1回	直前の課税期間の確定消費税額×6/12
400万円超4,800万円以下	年3回	直前の課税期間の確定消費税額×3/12
4,800万円超	11回	直前の課税期間の確定消費税額×1/12

◆事業年度終了前に翌期の課税方式について必ず検討する

　設立事業年度の届出と同様、届出による課税方式の選択により、毎期の消費税納付額が影響を受けることとなるため、事業年度終了前に、必ず、翌事業年度の収支予測や設備投資計画をもとにして、課税方式の検討をする必要があります。

届出書名	内　容
消費税課税事業者選択届出書	消費税の免税事業者が、多額の設備投資をする予定がある時など、仕入れに係る消費税額が売上に係る消費税額を上回り、消費税額の還付を受けたいときに、あえて課税事業者となるために、あらかじめ提出する届出書。 選択した場合、原則として2年間継続して適用されるので注意します。 なお、インボイス発行事業者の登録をした場合には、自動的に課税事業者となり、令和11年9月までは、本届出書の提出は要しません（P189参照）。
消費税簡易課税制度選択届出書	売上に係る消費税額の一定の割合を、仕入れに係る消費税額とみなして計算する簡易課税を選択したい場合に、あらかじめ提出する届出書。 選択した場合、原則として2年間継続して適用されるので注意します（P192参照）。

消費税課税期間特例選択届出書	通常は1年である課税期間を、1年未満に短縮するために提出する届出書。 輸出取引が中心の事業者などが、資金繰りの関係上、消費税額の還付を受ける時期を早めるために提出することが多い。 また、簡易課税などの適用を少しでも早く受けたいときに提出されることもあります。 事業年度中であっても、短縮した課税期間の開始前までに届出書を提出すれば、翌事業年度まで待たなくてもその適用を受けることができるからです。

◆適用をやめる場合は選択不適用届書を提出

簡易課税の選択、課税事業者の選択、課税期間短縮の適用をやめる場合には、選択不適用届出書を提出します。

	届出書名
簡易課税	消費税簡易課税選択不適用届出書
課税事業者選択	消費税課税事業者選択不適用届出書
課税期間短縮	消費税課税期間特例選択不適用届出書

◆提出期限は課税期間開始の日の前日まで

上記3種類の選択届出書および不適用届出書の提出期限は、いずれも、適用を受けようとする課税期間開始の日の前日となっており、提出が遅れた場合には、適用の選択あるいは、取り止めが認められないので注意します（新たに事業を開始した場合の選択届出書の提出期限は、開始した日の属する課税期間の末日です）。

なお、簡易課税または課税事業者選択関連の届出書の提出を失念した場合には、課税期間特例選択届出書を提出して課税期間を短縮した上で、その短縮した課税期間の初日の前日までに提出すれば、適用および取り止めの時期を早めることができる場合があります。納税額に重大な影響があるので、選択届出書および不適用届出書は、他の要件の検討も併せて専門家に相談するなどして、慎重に判断し提出します。

⑦　印紙税

◆印紙税は、貼り漏れに伴う過怠税に注意。消印も忘れずに

　印紙税は、契約書や領収書など、作成した文書に収入印紙を貼り付け消印をすることにより納付する国税です。

　貼り漏れや、消印を忘れ、税務調査において指摘された場合には、本税の他に、過怠税として本税の2倍の納税が追加で発生することがあるので、文書を作成する場合には、印紙税法の課税物件の別表をみて、当てはまるものがないか、確認します。

◆契約書を分けると税額が下がることも。コピーおよび電子契約には印紙税はかからない

　印紙税は契約書の記載金額に応じてかかるため、契約書を分けると税額が下がることがあります。例えば6千万円の金銭消費貸借の場合には6万円の印紙税がかかりますが、1千万円と5千万円に分けた場合には、1万円と2万円の計3万円となり、半分の税額で済むことになります。

　また、契約書は、通常、当事者の数だけ作成しますが、例えば社長と会社など身内同士の間での契約の場合には、1部のみ作成して会社が保管し、社長は必要に応じてコピーを保管するようにすれば、印紙税も1通分で済みます。ただし、第三者との契約の場合には、契約上のトラブル防止のためにも、通常通り当事者の数だけ作成し、必ず原本を保管するようにしましょう。

　なお、いわゆる電子契約の場合には印紙税はかからないことになっています。契約件数が多い場合には、契約業務の効率化などのメリットとシステム導入時のコストを比較して、検討するとよいでしょう。

◆印紙税も考慮して文書を作成する

　印紙税においては、課税か非課税か判断の難しい文書があります。例えば、原則として委任の契約書は非課税で、委託の契約書は課税ということになっていますが、その判断は専門家でも容易ではありません。

　課税対象となる契約金額が大きいときや、同様の契約書が数多くある場合において、貼らなくて良い書類に貼ってしまった場合、あるいは貼

らなければならない書類に貼っておらず過怠税を徴収された場合には、蒙る損失も多額となることがあります。

　課税か非課税かの判断は文書自体によってなされますが、契約書の内容はさまざまなため、定型でない難解な契約書等の場合、専門家や税務署でもなかなか判断がつかない場合もあります。

　金額的に大きな影響があると思われる場合には、契約書等を作成する際に、あらかじめ専門家等へ相談し、印紙税も考慮した文書にしておくと良いでしょう。

インボイスあれこれ　どっちが正しい？　*Column*

　インボイス制度に伴いにわかに脚光を浴びているのが、消費税の免税制度です。インボイス発行事業者の登録をすると、免税事業者でなくなってしまうため、登録をためらう事業者も少なくありません。

　「小規模事業者は、実質的に消費税を価額に転嫁できないから免税制度は必要だ。インボイスなんて取らなくていい!」インボイス反対派の意見です。

　「消費者から預かっている消費税を払わないのは不当だ。みなインボイスを取って課税事業者になるべきだ!」免税制度は益税を生むとしてインボイスを取るべきとの意見もあります。

　「どっちが正しい?」と聞かれることがありますが、答に詰まってしまいます。

　インボイス登録が任意である以上どちらも違法行為ではなく、どちらの考えにも理由があるからです。

　では、免税事業者の方から相談を受けた場合、創業支援を行う者としてはどう対応すればよいのでしょう。

　取引先との関係など、個々の事情に合わせてアドバイスするしかありませんが、悩ましい限りです。

　創業支援を行っていると、インボイス問題に限らず、答の難しい問題に直面することはたくさんあります。

　ただ、どちらの選択をしたとしてもその影響を受けるのはアドバイザーではなく相談者であり、影響の受け方も状況によってさまざまです。

　自分の価値観を振りかざすことなく相談者の意見に耳を傾け、それぞれのメリット・デメリットをよく理解いただいた上で、相談者にとってより良い選択ができるお手伝いができるよう心がけたいものだと思います。

II 社会保険への加入

① 社会保険の概要

◆社会保険には労働保険、健康保険、厚生年金保険がある

　事業者が加入する社会保険（広義）は、大きく分けて、労災保険と雇用保険からなる労働保険と健康保険および厚生年金保険からなる狭義の社会保険に分けられます。

　従業員の少ない一部の業種の個人事業を除く、すべての事業者に加入が義務づけられているため、創業の際には、早々に加入手続きを行います。

【社会保険の概要図】

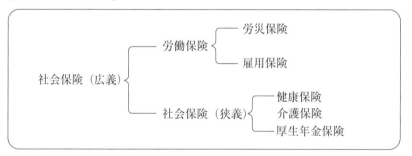

◆創業時には必ず手続きをする。会社の信用力にも影響する

　社会保険は、事業主に加入が義務づけられているのみならず、補助金や助成金の要件とされている場合もあり、また、融資審査や取引先からの与信調査など、会社の信用にも影響を与えます。

　また、良い人材の確保を行うことは事業の成長に欠かせませんが、社会保険への加入義務を果たしていない会社へ良い人材が来るとは思えません。

　創業したら、必ず社会保険の加入義務の有無を確認し、手続きを行いましょう。

◆**労働保険には、労災保険と雇用保険がある。労働者を雇用したら加入手続きを行う**

労働保険には、労災保険と雇用保険があります。

労災保険は、労働者の業務上の事由または通勤による負傷、病気、死亡などの場合に、労働者や遺族を保護するために必要な保険給付を行います。

また、労働者の社会復帰を促進する事業も行っています。

雇用保険は、労働者の生活の安定や雇用の安定のために、労働者が失業した場合や雇用の継続が困難となった場合、また再就職を促進するための教育訓練に対し、必要な給付を行うものです。

社長1人で創業した場合には適用はありませんが、労働者を雇った場合には、速やかに加入の手続きを行います。

① 労災保険

◆**労働者を使用するすべての事業者に適用がある**

労災保険は、原則として、パート、アルバイト等の短時間労働者も含め、労働者を雇用するすべての事業者に適用されます。

適用除外とされるのは、労働者数が個人経営で5人未満の農林水産業の事業者のみですので、通常、創業して人を雇った場合には、必ず加入手続きが必要となることになります。

◆**業務上または通勤による疾病、負傷等に対応**

労災保険に加入すると、一定の場合に保険給付が行われますが、保険給付は大きく分けて、「業務災害に関する給付」、「通勤災害に関する給付」、「二次健康診断等給付」から構成されています。

保険事故等が起きた時に、手続きを行い給付を受けます。

具体的な給付は以下の通りです。

【保険給付の種類】

保険事故	業務災害	通勤災害
傷病（負傷・疾病）	療養補償給付	療養給付
	休業補償給付	休業給付
	傷病補償年金	傷病年金
障害	障害補償給付	障害給付
要介護	介護補償給付	介護給付
死亡	遺族補償給付	遺族給付
	葬祭料	葬祭給付
脳血管・心臓疾患発生のおそれ	二次健康診断給付	

◆保険料は業種により違う

　保険料は賃金総額に労災保険率をかけて計算します。

　労災保険率は、1,000分の2.5（金融業、保険業または不動産業）から1,000分の88（金属鉱業、非金属鉱業または石炭鉱業）までの範囲で、業種ごとに定められています。

◆事業所の加入手続きをする

　事業所として、保険関係が成立した日の翌日から10日以内に「保険関係成立届」を、また、50日以内に「概算保険料申告書」を、事業所の所在地を管轄する労働基準監督署長に提出します。

◆故意に加入手続きをしない場合には、保険給付に要した費用を徴収される。徴収額は多額となることも

　事業主が、労働保険の成立手続きを行っていない期間中に労働災害が生じた場合でも、労働者には加入がないことについての責任はないので、原則として保険給付が行われます。

　その際、事業主の故意または重大な過失により手続きを行っていない場合には、遡って労働保険料および追徴金が徴収されるのみならず、保険給付に要した費用の全部または一部を徴収されます。保険給付に要し

た費用は多額となることもあるため、必ず手続きを行いましょう。

【未加入の際の費用徴収制度】

①	最大2年間遡った労働保険料および追徴金（10%）
②	故意または過失の場合、労働保険給付額の100%または40%

【費用徴収の例】

故意の場合 （労働局の職員から加入手続きを行うように指導を受けていたにもかかわらず、手続きを行っていなかった場合等）
費用徴収の額：遺族補償一時金の額（給付基礎日額1万円×千日分）×100%
＝1千万円
重大な過失の場合 （手続きを行うよう指導を受けた事実はないが、適用事業となった時から1年を経過しても手続きを行っていない場合等）
費用徴収の額：遺族補償一時金の額（給付基礎日額1万円×千日分）×40%
＝4百万円

◆会社代表者は対象外だが、被保険者が5人未満なら健康保険で対応。個人事業主は国民健康保険で対応

　労災保険は、労働者が対象であり、創業者自身は、会社代表者か個人事業主であるため、原則として労災保険は適用されません。

　会社の代表者が、業務上負傷等した場合には原則として、実費を負担しなければならなくなってしまいますが、小規模事業者に配慮し、以下の要件を満たした場合には、特例により健康保険から給付を受けることができます。

【特例の要件】

①	被保険者が5人未満の社会保険適用事業所の代表者等
②	一般の従業員と著しく異ならないような労務に従事している

　なお、個人事業主は、国民健康保険から給付が受けられます。
　また、会社代表者も個人事業主も、下記の特別加入制度に加入してい

る場合には、健康保険からの給付を受けることはできません。

◆被保険者が５人以上の会社代表者等は、特別加入制度に加入する

　会社の代表者や、個人事業主には労災保険は適用されず、特に従業員５人以上の会社代表者等は健康保険からの給付も受けられないため、業務上の負傷等に対する補償がなくなってしまいます。

　そこで、中小事業主や自営業者には、任意に特別加入の制度を利用することができることとしています。

　会社を起こした後、健康保険の被保険者が５人以上になった場合には、創業者自身の補償のため、特別加入制度に加入するようにしましょう。

　加入すると、業務上負傷して治療を受けた場合の療養補償給付のほか、業務中や通勤時の災害により休業した場合に休業補償給付が支給されますが、給付の基礎となる基礎日額は、労働者と違って賃金という概念がないため、3,500円から25,000円の範囲内で、本人が希望する額を考慮して、国が定めます。

　加入手続きは、中小事業主が労働保険事務組合を通して、特別加入申請書を、所轄労働基準監督署長を経由して所轄都道府県労働局長に提出します。

【中小事業主等の特別加入の要件】

①	その事業について労災保険の保険関係が成立していること
②	事務処理を労働保険事務組合に委託していること
③	中小事業主およびその者が行う事業に従事する者を包括して加入すること

【中小事業者の範囲】

事業の種類	労働者数
金融・保険業、不動産業、小売業	常時50人以下
卸売業、サービス業	常時100人以下
上記以外の事業	常時300人以下

② 雇用保険

◆労働者を雇用する事業が対象だが、個人事業の一部は適用除外

雇用保険は、労働者を雇用するすべての事業者を適用事業とするとされており、従業員を1人でも雇ったら、加入手続きを行わなければなりません。

ただし、労働者数が個人経営で5人未満の農林水産業の事業者については「暫定任意適用事業」として、加入するかどうかは事業主および労働者の2分の1以上の意思に任されています。

◆原則として、週20時間以上、31日以上継続雇用見込みの場合に加入する

事業主に雇用される者で、次の適用除外者以外は、原則として雇用保険に加入します。

①	1週間の所定労働時間が20時間未満であるもの
②	同一の事業主の適用事業に継続して31日以上雇用されることが見込まれない者
③	季節的に雇用される者であって、次のいずれかに該当するもの ●4か月以内の期間を定めて雇用される者 ●1週間の労働時間が20時間以上、30時間未満である者
④	学生または生徒
⑤	船員
⑥	国、都道府県、市町村等に雇用される一定の者

◆会社代表者や個人事業主は対象外、使用人兼務役員は対象

雇用保険は労働者に対するものなので、原則として会社役員や個人事業主には適用がありません。

ただし、いわゆる使用人兼務役員のように、法人の役員であっても、会社の部長や支店長などの役職にあり、実質的に労働者的な仕事に従事していて、雇用関係が認められる場合には、雇用保険に加入できる場合があります。

なお、法人の代表者および個人事業主は加入対象とはなりません。民間の保険、小規模企業共済や貯蓄等により、万一の場合に備えましょう。

◆労働者が失業した場合等に給付を行う

　雇用保険は、労働者が失業した場合および労働者について雇用の継続が困難となる事由が生じた場合や、再就職を促進するための教育訓練に対し必要な給付を行う制度です。

　原則として、離職の日以前2年間に、被保険者であった期間が通算して12か月以上あるなどの要件を満たした場合に、賃金日額の50％から80％が、90日から360日分支給されます。

◆雇用保険率は3種類

　雇用保険料は1年間の賃金総額に雇用保険率を乗じて計算されます。
　雇用保険率は次のように定められています。

【令和5年4月1日から令和6年3月31日までの雇用保険率】

種類	労働者負担	事業主負担	合計
一般	6/1,000	9.5/1,000	15.5/1,000
農林水産・清酒製造事業	7/1,000	10.5/1,000	17.5/1,000
建設事業	7/1,000	11.5/1,000	18.5/1,000

◆事業所加入手続きと被保険者の加入手続きを行う

　事業所として、事業所設置の日の翌日から10日以内に「雇用保険適用事業所設置届」を、また、雇用する労働者が被保険者となったときは、翌月10日までに「雇用保険被保険者資格取得届」を、事業所の所在地を管轄する公共職業安定所に提出します。

◆雇用保険加入は助成金申請の条件

　雇用関係の助成金は、雇用保険料を財源としている関係上、雇用保険に加入していないと、受給できません。

　また、受給するためには、「支給要件確認申立書」に記載された共通の要件を満たす必要があります。詳細は労働局のホームページに記載がありますので、確認の上、申請します。

【雇用関係助成金】

1	従業員の雇用維持を図る場合の助成金	●雇用調整助成金
2	離職者の円滑な労働移動を図る場合の助成金	●労働移動支援助成金 ●中途採用等支援助成金
3	従業員を新たに雇い入れる場合の助成金	●特定求職者雇用開発助成金 ●トライアル雇用助成金 ●地域雇用開発助成金
4	従業員の処遇や職場環境の改善を図る場合の助成金	●キャリアアップ助成金 ●人材確保等支援助成金
5	障害者等の雇用環境整備関係の助成金	●障害者雇用安定助成金
6	従業員等の職業能力の向上を図る場合の助成金	●人材開発支援助成金
7	仕事と家庭の両立に関する助成金	●両立支援等助成金

【労働条件等関係助成金】

1	労働時間等の設定改善のための助成金	●働き方改革推進支援助成金
2	最低賃金の引上げに向けた取組みへの助成金	●業務改善助成金

(東京労働局ホームページより)

❸ 社会保険（狭義）への加入

◆狭義の社会保険には、健康保険、介護保険、厚生年金保険がある

　健康保険とは、病気やけが、出産、死亡に対する保障制度で、一定の事由が生じたときに、保険給付を行います。

　介護保険は、加齢に伴う心身の変化に起因して介護が必要になった場合の補償制度で、被保険者が要介護状態または要支援状態となったときに、必要な保険給付を行います。

　厚生年金保険は、老後の生活や、障害、死亡に対する保障制度で、具体的には、老齢厚生年金、障害厚生年金、遺族厚生年金等があります。

　適用事業所に該当する場合には、これらの狭義の社会保険については、

原則として、日本年金機構に対し、同時に手続きを行います。

◆法人はすべて適用、個人は一部適用除外あり

　創業の際には、健康保険および厚生年金保険の加入の検討をします。法人はすべての事業所に適用があり、個人事業者は適用除外となる一定の事業所以外について適用があります。

【強制適用事業所】次のいずれかに該当する事業所

①	法定16業種※の事業所であって、常時5人以上の従業員を使用するもの
②	国、地方公共団体または法人の事業所であって、常時従業員を使用するもの

※ほとんどの業種が該当しますが、以下の事業は該当しません。
●農林、畜産、養蚕、水産業
●旅館、料理店、飲食店、映画館、理美容業
●法務業・宗教業　等

◆個人事業主は対象外だが、法人の代表者は原則として必ず加入

　個人事業主は、社会保険の対象外で、自身で国民健康保険および国民年金等に加入することとなります。

　また、社長は使用される従業員ではありませんが、社長1人だけで従業員を雇用していない場合であっても加入するというのが、国の見解です。

◆適用除外事業でも加入できる。良い人材確保には必要

　適用事業所以外の事業所の事業主は、従業員の2分の1以上の同意を得た上で厚生労働大臣の認可を受けると、その事業所を適用事業所とすることができます。

　開業当初、従業員5人未満の個人事業主であっても、良い人材を確保するため、社会保険に加入することは、規模を拡大していきたい事業主にとっては必要なことかもしれません。

　ただし、いったん適用事業所になると、従業員の4分の3以上の同意がなければ、適用除外とはされません。

保険料の負担を含め、事業計画に基づき良く検討した上で、申請するようにしましょう。

◆健康保険には協会健保と組合健保がある。協会健保加入後1年を経過したら組合健保への加入を検討する

健康保険には、全国健康保険協会が行ういわゆる「協会健保」と健康保険組合が行う「組合健保」があります。

組合健保の加入は、組合により異なりますが、通常、協会健保への加入実績期間が1年以上必要という要件があるため、創業の際には、まず協会健保への加入手続きを行います。

その後については、組合健保の方が一般的に協会健保より保険料や給付、福利厚生事業などにおいて有利なことが多いので、事業者の属する業界において、業界単位で健康保険組合を設立していないかを確認し、組合で定める加入要件を満たせるようになった段階で、加入すると良いでしょう。

【業界単位の健康保険組合の例】

報道健康保険組合	東京屋外広告ディスプレイ健康保険組合
出版健康保険組合	東京不動産健康保険組合
東京都情報サービス産業健康保険組合	東京実業健康保険組合　　　等
関東ITソフトウェア健康保険組合	

◆適用事業所に雇用される者は被保険者となるが、適用除外あり

開業した事業が法人である場合、あるいは、適用事業所となる個人事業である場合には、所属する役員や社員は原則として被保険者となりますが、一部の者は適用除外として被保険者となることができません。

【適用除外となる者の例】

	適用除外となる者	被保険者となる場合
①	日々雇い入れられる者	1か月を超え、引き続き使用されるに至った場合
②	2か月以内の期間を定めて使用される者	所定の期間を超え、引き続き使用されるに至った場合
③	事業所で所在地が一定しないものに使用される者	－
④	季節的業務に使用される者	継続して4か月を超えて使用されるべき場合
⑤	臨時的事業の事業所に使用される者	継続して6か月を超えて使用されるべき場合

◆事業所加入手続きと被保険者の加入手続きを行う

　事業所が強制適用事業所に該当したときから5日以内に「新規適用届」を、また、原則として労働者が適用事業所に雇用されるに至った日から5日以内に、「被保険者資格取得届」を、日本年金機構に提出します。

◆パート・アルバイトに対する適用が拡大される

　健康保険および厚生年金保険は、従業員数100人以下の事業所については、週労働時間がフルタイムの4分の3未満のパート・アルバイトは加入対象外とされています。

　令和6年10月からは、従業員数100人以下であっても、51人以上の企業については、下記の通りその適用が拡大される予定です。対象企業および加入対象者は以下の通りです。

	令和6年9月まで	令和6年10月から
対象企業	従業員数101人以上の企業	従業員数51人以上の企業
新たな加入対象者（右の条件をすべて満たすパート・アルバイト）	・週の所定労働時間が20時間以上 ・月額賃金が8.8万円以上 ・2か月を超える雇用の見込みがある ・学生でない	

※令和6年10月以降も、従業員数50人以下の企業については、週労働時間がフルタイムの4分の3未満のパート・アルバイトは加入対象外です。

【新規適用届　記載例】

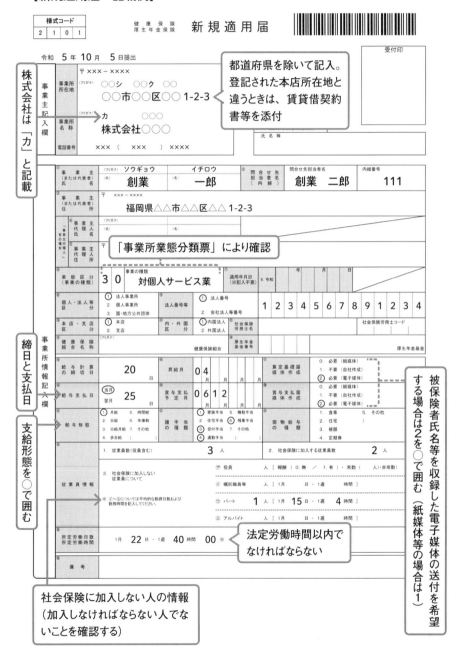

【被保険者資格取得届　記載例】

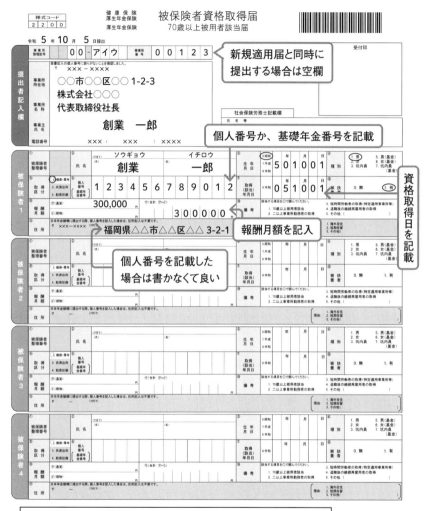

協会けんぽご加入の事業所様へ
※　70歳以上被用者該当届のみ提出の場合は、「⑩備考」欄の「1.70歳以上被用者該当」
　　および「5.その他」に〇をし、「5.その他」の（　）内に「該当届のみ」とご記入ください（この場合、
　　健康保険被保険者証の発行はありません）。

【被扶養者（異動）届　記載例】

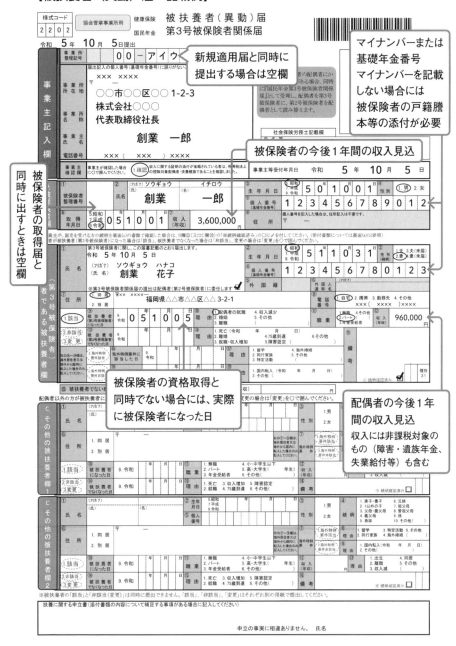

Ⅲ 許認可等関連の届出

◆許認可の確認を忘れずに

開業する際には、その事業の内容によっては許認可が必要な場合があるので、関係官庁への問合せ、行政書士などの専門家に相談するなどにより、事前に確認しておきます。

許認可を受けるのに相当な時間や費用が必要な場合、あるいは許認可を受けるのが難しい場合には、事業計画の大幅な見直しを迫られることになるので、注意が必要です。

1 許認可の種類

◆届出、登録、免許、認可、許可がある

許認可とは、行政機関が国民生活の保全などを目的として行う規制行為で、届出、登録、免許、認可、許可に区分されます。

種類	内　容
届出	行政機関に対する営業を行うことの届出 届出をすれば営業できる
登録	営業等を行うための、行政機関に対する登録 要件を満たし名簿に登録されれば営業できる
免許	特定の試験等に合格し登録されることにより取得する。免許がある場合には一定の要件を満たしていれば、行政機関に届け出ることによって営業ができる
認可	営業することについて、行政機関の同意を必要とする場合の手続き 認可を受ければ営業できる
許可	行政機関の審査を受け、合格した場合にのみ営業できる。国民の安全に関することなどについては許可制として、厳しく規制している

2 許認可が必要な場合

◆創業する業種に許認可が必要か否か確認する

許認可の必要な業種は多岐にわたりますが、主なものは以下の通りです。

	業種	許認可	申請先
建設・宅建関係	建設業	建設業許可	国土交通大臣または都道府県知事
	不動産業	宅地建物取引業者免許	国土交通大臣または都道府県知事
運輸・交通関係	旅行業	旅行業登録	国土交通大臣または都道府県知事
	旅行代理業	旅行代理業登録	都道府県知事
	トラック運送業	一般貨物自動車運送事業経営許可	運輸局長
	軽トラック運送業	貨物軽自動車運送事業経営届出	運輸局長
	貸切バス業	一般貸切旅客自動車運送事業経営免許	運輸局長
	タクシー業	一般乗用旅客自動車運送事業経営免許	運輸局長
	倉庫業	倉庫業登録	国土交通大臣
衛生・風俗関係	飲食業	飲食店営業許可	保健所
		深夜における酒類提供飲食店営業開始届	警察署
	旅館業	旅館営業許可	保健所
	キャバレー・パチンコ店・マージャン店・ゲームセンター業等	風俗営業許可	警察署
	酒の販売	酒類販売業免許	税務署長
	美容院	美容所開設届出	保健所
	理髪店	理容所開設届出	保健所
	クリーニング店	クリーニング所開設届出	保健所

その他	中古品販売業	古物商許可	警察署
	貸金業	貸金業登録	財務局長または都道府県知事
	介護事業	介護事業指定	都道府県知事、区市町村長など
	産業廃棄物処理業	産業廃棄物収集運搬業許可 産業廃棄物処分業許可	都道府県知事
	人材派遣業	労働者派遣事業許可	厚生労働大臣

後ろ向きの提案はNG？〈心に残る創業支援❶〉 *Column*

　今から×年ほど前の冬、一緒に弁護士事務所から出てきた東銀座の地下鉄の入口で、破産手続きをすることを決めたある会社の社長と、最後の握手を交わしたのを昨日のことのように覚えています。

　涙を流しながら、「ありがとう」と握手を求めてきた社長の顔を今でも忘れません。本当に苦しかったのだと思います。

　私が、破産を勧めたのは、会社の業績というよりも、社長に事業に対する気力、モチベーションがもはや感じられなかったからです。

　従業員、取引先、社長本人の損害が広がるのを防ぎ、また社長自身の人生をやり直すという意味でもどこかで区切りをつけた方が良いのではないかと考え、信頼する弁護士さんに相談し、手続きを依頼しましたが、正直、今でもその判断が本当に正しかったのかはわかりません。

　経営支援を行うのに、「後ろ向きの提案はNG」と教わったことがあります。

　そのときも、無理な融資を受けて延命することもできたかもしれません。でも続けていたらきっともっと大変なことになっていたとも思え、勇気を持った「後ろ向きの提案」も、時には必要なのではないかと思います。

　当時を思い出すと、今でも心が痛みます。

第6章

事業の永続に向けて
～事業承継から
第2創業へ

◆事業承継の意識を持つ。早めの準備が大切

　創業して事業が軌道に乗り年月が過ぎると、いずれ必ず事業承継の問題に直面することになります。後継者不足などの問題から中小企業の事業承継は難航することが多く、ある程度時間をかけて準備をすることが必要です。

　通常は創業時から事業承継のことを考える余裕はありません。しかし事業承継はいつ起こるかわからず、また、気が付いたら株価の高騰や、株式の分散などにより事業承継が困難となってしまうことにもなりかねません。

　これらのことから、創業支援を行う者は、事業承継についての意識も持ちながら、折に触れて経営者に注意喚起する姿勢が必要です。

　以下、事業承継の概要について解説します。

I 承継方法の選択

1 事業承継の形態

◆親族内承継か、親族外承継か

　事業承継の形態としては、親族内承継と親族外承継とに分けられます。

　親族内承継とは、経営者の子供等の親族に株式を譲渡または贈与することや相続などによって事業を引き継がせることです。これに対し親族外承継は、親族以外の役員・従業員または、企業外部の第三者に株式を譲渡することなどによって行います。

　いわゆるM＆Aによる承継も親族外承継の一形態であり、近年では、仲介業者も多く存在しています。

```
                ┌ 親族内承継 ─ 親族への承継
                │                株式譲渡・贈与・相続など
事業承継 ───────┤
                │                役員・従業員への承継
                └ 親族外承継 ┬   株式譲渡など（MBO）
                             └ 外部企業への承継
                                 株式譲渡、合併、事業譲渡など（M&A）
```

2 後継者選び

　事業承継は、後継者選びがすべてといっても過言ではありません。

　中小同族会社では、後継者を子供などの親族から選ぶことが多いですが、近年の後継者不足から、親族外の第三者を後継者として選ぶことも選択肢の一つとなっています。

◆健全な経営が後継者問題解決のカギ

　最近では、親族である後継者でさえも、業績や資産状態の良い会社でなければ承継しないという選択をすることも多く、多額の債務や個人保証は、後継者のなり手がいない原因となります。ましてや親族外後継者

の場合には、健全で将来性のある魅力ある事業でなければ、引き継ぐことはないでしょう。

　事業承継というと、とかく方法などのテクニック的なことにばかり気をとられがちですが、それよりも健全な経営を続けることこそが、事業承継において大前提となる後継者問題解決のカギであることを忘れないようにしましょう。

◆信頼性の高い財務情報を提供する

　特に親族以外の後継者にとっては、会社の財務状況は、事業を引き受けるか否かの判断にあたって重要です。決算書などの財務情報が適正でなく、簿外債務の存在などが疑われる場合には、事業承継は成り立ちません。

　事業承継の場面に限りませんが、日頃から、精度の高い月次決算や年次決算により信頼性の高い財務情報の提供を心がけましょう。

③ 手段の選択

◆株価の把握が大切

　親族内承継の場合には、まずは後継者への株式譲渡または贈与を検討しますが、株価が高額になっている場合には、税負担を考慮し、スケジュールを決めて少しずつ承継を進めるなどの検討を行います。株価を把握した上で、贈与、譲渡などの方法を選択します。

　親族外承継の場合には、株式の譲渡契約を締結することにより会社ごと譲渡する、あるいは分割や事業譲渡により対象事業のみを譲渡することにより行います。この場合でも、売却価額の交渉のため、自社の株価や事業の価値を把握しておきます。

◆後継者複数の場合には、会社分割による分社化も選択肢の一つ

　兄弟など複数の後継者を予定している場合には、会社分割により事業を切り分け、分社化しておくことも選択肢の一つです。その場合には、各後継者にそれぞれの会社の株式譲渡等を行うことになります。

【親族内承継、親族外承継のメリット・デメリット】

	メリット	デメリット
親族内承継	●創業者の事業を一族に残せる ●従業員や関係者などにとって抵抗が少ない	●承継する意欲と能力がある親族がいるとは限らない ●後継者以外の親族との財産の分配割合に関する調整が必要
親族外承継	●経営に適した優秀な人材を広く集めることができる ●売却代金等により、創業者利益を享受できる場合がある ●他社の優れた経営ノウハウなどを取り入れることができる	●健全で魅力のある事業でないと買い手はなかなか見つからない ●事業が創業者一族の手から離れてしまう

【参考：事業承継に関する公的支援制度】

＜中小企業の事業承継を国が後押し＞

① 事業承継・引継ぎ支援センター

　国が各都道府県に設置する「事業承継・引継ぎ支援センター」において、事業承継全般に関する相談対応や事業承継計画の策定、M&Aのマッチング支援などを原則無料で実施しています。

	事業の概要
第三者承継支援	事業者とのマッチング支援、M&A方針策定の上登録支援機関を紹介
後継者人材バンク	創業を希望する個人とのマッチング
親族内承継支援	円滑な事業承継のため、事業承継計画策定支援
支援ニーズの掘り起こし	ネットワーク構成機関と連携し、事業者の気づきを促し、プッシュ型事業承継診断を行う

問合せ先:各都道府県の事業承継・引継ぎ支援センター

② 事業承継・引継ぎ補助金

　国は、事業承継を契機として新しい取組み等を行う中小企業等を支援するために、以下の補助金の制度を設けています。

〈支援枠の概要〉

	経営革新枠	専門家活用枠	廃業・ 再チャレンジ枠
内容	事業承継・M&A後の経営革新に係る費用を補助	M&Aの専門家活用に係る費用を補助	事業承継・M&Aに伴う廃業等に係る費用を補助
補助上限	600〜800万円	600万円	150万円
補助率	1/2・2/3	1/2・2/3	1/2・2/3
対象経費	店舗等借入費、設備費、原材料費、旅費等	謝金、旅費、外注費、委託費等	廃業支援費、在庫廃棄費、原状回復費等

問合せ先：経営革新枠：050-3000-3550
専門家活用枠/廃業・再チャレンジ枠：050-3000-3551

II 事業承継の手続き

◆株式の譲渡・贈与、事業譲渡、合併・分割、遺言・信託

　事業承継の手続きとしては、株式の贈与、譲渡による方法の他、外部の企業に対して合併により会社全体の経営権を承継する方法、事業譲渡または会社分割等により事業の一部を承継する方法があります。

　また、遺言や信託を利用して後継者を指定しておき、相続が発生した際に、現経営者の意向を反映した事業承継を行おうとする方法もあります。

①株式の贈与

　主に親族内承継の場合に、贈与者と受贈者の贈与契約により行われ、相続税評価額に基づき贈与税の申告納付を行います。手続きは単純ですが、業績の良い会社の場合、贈与税が高額となることがあり、また、将来の相続の際に、遺留分侵害額請求をなされることもあるため、注意が必要です。

　贈与税対策として「事業承継税制」、遺留分対策として「遺留分に関す

る民法の特例」の適用も検討します（P238参照）。

②株式の譲渡

譲渡者と譲受者との間の譲渡契約により行われ、譲渡者は売却価額を基に譲渡所得金額を算定し、譲渡所得税を申告納税します。

売却価額は親族外の第三者への売却の場合には、双方が交渉により合意した金額で行い、親族間の場合には、贈与認定されないよう、純資産価額などを考慮した金額により行います。

③事業譲渡

事業譲渡契約を結び、対象事業を譲渡します。事業に必要な資産は個別に譲渡手続きを要し、譲渡した会社は譲渡後も存続するため、完全に廃止する場合には別途清算手続きも必要になります。

④合併、分割など組織再編行為

合併は会社ごと相手方に承継する場合に用いられ、合併契約により会社の資産負債を包括承継させます。また、分割は事業単位で相手方に承継させる場合に用いられ、分割契約により対象事業の資産負債を包括承継させます。いずれも事業譲渡と違い資産負債の個別の譲渡手続きは要しませんが、官報公告や個別催告など、債権者保護手続きが必要となります。

⑤遺言による株式の承継

創業者に相続が発生した場合、後継者に株式（会社の場合）を集約しないと事業経営に支障を来します。そこで、相続発生後に創業者の意思を実現する方法として遺言や信託を利用することがあります。ある程度の年齢になり後継者の目途もついたら、早い段階で万が一に備えることも必要です。

【各手続きのメリット・デメリット】

	メリット	デメリット
株式の贈与	● 手続きが簡単	● 贈与税が高額になることがある。 ● 遺留分にも注意を払う必要がある
株式の譲渡	● 手続きが簡単	● 譲渡代金および譲渡所得税等が高額になることがある
合併	● 個別資産ごとの承継手続きを要せず、包括承継できる	● 合併の登記手続き、債権者保護手続きなどの手続きが必要
事業譲渡	● 承継の範囲を自由に設計でき、必要な事業ごとに承継できる	● 承継する資産ごとに個別の承継手続きを行うことになり煩雑
会社分割	● 承継の範囲を自由に設計でき、必要な事業ごとに承継できる ● 個別資産ごとの承継手続きを要せず、包括承継できる ● 後継者が複数いる場合に有効	● 会社分割の登記手続き、債権者保護手続きなどの手続きが必要

III 事業承継の準備

　事業承継にはある程度の準備期間が必要です。後継者への経営権の集約のためには、株価対策を考慮した計画を立てた上で、ある程度の時間をかけて実行する必要があります。

1 後継者への株式の集約

◆創業時から不必要な株式の分散は避ける

　中小企業の後継者選びは簡単ではありませんが、仮に後継者が決まっても、株式が分散していると後継者に集約することが難しくなり事業承継が進まないことがあります。

　事業パートナーに対する付与など、事業遂行上必要な場合は別として、創業時から不必要な株式の分散は避け、後継者が決まったら、集約しや

すいようにしておくことが大切です。

◆**種類株式の活用は限定的に。まずは株式の集約を検討**

　株価の高騰により株式の集約が難しい場合には、種類株式を活用することにより、少ない株式数によって後継者へ議決権を集約することもできます。具体的には無議決権株式を発行した上で議決権のある普通株式を現経営者および後継者に集約する方法、あるいは拒否権付き株式^(※1)を発行して現経営者が取得する方法が考えられます。ただし、すでに発行した普通株式を無議決権株式にすることや拒否権付き株式の発行に同意を得るのは容易ではありませんので、配当優先株式^(※2)にすることも含め他の株主と交渉します（P63参照）。

　なお、議決権は制限できても、配当の負担が生じ、また、いずれ買い取らなければならない事態も想定されます。事業承継の場面では種類株式の利用はやむを得ない場合の手段と考え、まずはなるべく株式自体の集約を検討しましょう。

※1　株主総会等の決議に対して拒否権を持つ株式
※2　配当金を普通株式に優先して得る権利を持つ株式

2　株価対策

◆**早く始める方が良い。会計事務所と連携する**

　業績が順調に推移すると、株式の相続税評価額が高くなり、事業承継の足かせになることがあります。後継者候補がいる場合には、株式が高額になる前に株式の譲渡あるいは贈与を進め、また、分社をして業績の良い会社の株式を後継者に持たせるなどの方法があり、早めの対策が効果的です。

　なお、株式の相続税評価額を決算期ごとに算出することは、株価対策の第一歩です。評価には複雑な要素も絡みますので、会計事務所などと連携しながら進めると良いでしょう。

◆贈与または相続時の税負担を軽減

後継者が、円滑化法の認定を受けた非上場会社の株式等を贈与または相続により取得した場合に、一定の要件のもと、贈与税または相続税に関し、その納税を猶予または免除する制度です。贈与税や相続税の納税が足かせとなって事業承継が進まない中小企業のための救済措置といえます。

適用にはいくつかの要件を満たす必要がありますので、会計事務所などと相談しながら進めます。

なお、同制度には特例措置と一般措置があり、違いは以下の通りです。

	特例措置	一般措置
事前の計画策定	特例承継計画の提出 (令和8年3月31日まで)	不要
適用期限	10年以内の贈与・相続等 (令和9年12月31日まで)	なし
対象株数	全株式	総株式数の最大3分の2まで
納税猶予割合	100%	贈与100% 相続80%
承継パターン	複数の株主から最大3人の後継者	複数の株主から1人の後継者
雇用確保要件	弾力化	承継後5年間平均8割の雇用維持が必要
経営環境変化に対応した免除	あり	なし
相続時精算課税の適用	60歳以上の者から18歳以上の者への贈与	60歳以上の者から18歳以上の推定相続人・孫への贈与

④ 事業承継円滑化法による「遺留分に関する民法の特例」

事業承継の際、後継者を含めた先代経営者の推定相続人全員の合意により、先代経営者から後継者に贈与等された自社株式などの価額について、①遺留分を算定するための財産の価額から除外（除外合意）、または

②遺留分を算定するための財産の価額に算入する価額を合意時の時価に固定（固定合意）をすることができる制度です。

　この特例を利用するには、以下のそれぞれの要件を満たした上で、「推定相続人全員および後継者の合意」を得て、「経済産業大臣の確認」および「家庭裁判所の許可」を受けることが必要です。

会社	●中小企業者であること ●合意時点において3年以上継続して事業を行っている非上場企業であること
先代経営者	●過去または合意時点において会社の代表者であること
後継者	●合意時点において会社の代表者であること ●先代経営者からの贈与等により株式を取得したことにより、会社の議決権の 過半数を保有していること

IV 事業の永続に向けて

◆事業承継は、第２創業への架け橋。支援者の役割が重要

　後継者が既存の事業体を基礎として、新しい商品やサービスを開発して新事業を立ち上げることは、第２創業と呼ばれることがあります。

　事業を一から立ち上げる場合には、会社設立や事務所賃貸契約、社員の採用、総務・経理の管理体制の構築など、行うべきことは多々あります。また、創業融資の制度はあるものの、信用力不足から、資金調達も容易ではありません。

　事業承継により既存の経営基盤を利用することができれば、新経営者は競争力の源泉である、新製品やサービスの開発などに専念できるなどのメリットがあり、ここに第２創業の意義があります。

　事業承継が第２創業への架け橋となるようお手伝いすることは、創業支援の一つとして、今後、その重要性が増してくるのではないかと思われます。

経営者という生き物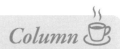

　20代のころ、会員制のクラブを経営していたことがあります。

　10代のころ、アルバイトから始め、22歳で店長として任された店がうまくゆき、25歳で有限会社を設立し店を構えました。

　ホステスとスタッフあわせ40名ほど在籍しており、固定費も月1,500万円ほどもかかりました。

　業績に陰りが見え始めたのは、創業後3年目くらいからで、資金繰りにも行き詰まり、借金を重ねるようになりました。

　店が暇だと店にいられず、かといってお金も使えないため、店の裏でいつも遊んでいる野良猫をみながら「カネカネカネ」とお金のことばかり考えていました。

　経営者は資金繰りに行き詰まると、私のように「カネカネカネ」と目先のお金のことにしか頭が回らなくなり、悪循環に陥ります。

　再起のためには目先のことと、もっと先のこと、両方を考えなければなりませんが、追い込まれた精神状態では、容易なことではありません。

　経営者という生き物は、良いときも悪いときも常に売上が減ってしまう恐怖、資金繰りが行き詰まって破綻してしまう恐怖と闘っています。

　創業支援、経営支援を行うためには、そんな経営者の気持ちを少しでも理解しようとする姿勢が必要ですが、経験がないことは、当然ながらなかなか理解できません。

　経営者の気持ちを逆撫でするような言動をするコンサルタントや金融機関、会計事務所の担当者をたくさん見てきました。

　特に金融機関の担当者の場合には、社長はお金を借りたい一心で愛想よく振る舞うため、信頼関係ありと思ってしまいがちですが、実際には対応に不満を持っていて、あまり信用していないなんてことも意外に多いような気がします。

　創業支援、経営支援には経営者との信頼関係の構築が不可欠です。簡単なことではありませんが、少しでも経営者という生き物を理解する努力をして、信頼関係を築きたいものだと思います。

第7章

事例で学ぶ
創業支援

この章では、実際の創業事例を紹介します。

◆さまざまなタイプの創業がある

　１例目は、大手会社の海外子会社の社長としての海外勤務で得た経験および人脈という強みを利用し、勤務経験とは違う、新分野での創業を目指した事例です。

　２例目と３例目は、飲食店の創業に関わったケースのうち、経験十分な経営者が資金を比較的多くかけて創業した事例と、飲食店勤務の経験がまったくなく、一から手さぐり状態で、わずかの開業資金で創業した、対照的な創業の事例です。

　また、４例目は会社勤務で得たノウハウを生かし独立した事例、５例目は個人事業からの法人成り、６例目は事業引継ぎにより創業した事例をご紹介いたします。

I 経験と人脈を生かした新分野での創業 〜株式会社◆◆

1 創業の概要

◆経験および人脈を生かした、新分野での創業

　この事例は、大手メーカーの海外子会社で、長期間にわたり社長として勤務した方が、海外の優秀な技術者および国内の大手企業役員との人脈を利用し、定年退職後に、長年温めてきたプランをもとに、日本政策金融公庫の新創業融資を利用し、新分野での創業を目指している事例です。

◆大手企業の経営者としての経験を生かす

　事業の内容については、秘密保持の観点から、製品についてなど詳しいことは記載できませんが、業種はソフトウェア開発業です。

　前職を退職後、株式会社を設立し創業しました。自己資金と日本政策金融公庫からの創業資金の借入れにより事業を開始し、将来は株式上場

も見据えて、今、準備を進めています。

2 会社設立時の会社概要および予定

事務所所在地：東京都港区

資本金：2,000万円

株主構成：創業者　　　　95％

　　　　　創業者の知人　5％

役員：代表者の他取締役2名、監査役1名

　　　　　（取締役会、監査役設置会社）

従業員：1名

◆資本計画あり、株主数および従業員数とも増員予定

株主構成等は会社設立時点では上記のようになっていますが、将来の上場も見据え、資本計画の作成を行っています。

資本計画では、ストックオプションなども使い、創業者一族の議決権割合を上場時まで50％超に維持する計画です。

従業員は、製品開発のための技術者は海外に子会社を設立して雇用し、国内の間接部門の従業員は軌道に乗るまでは最小限で賄う予定です。

3 開業資金とその調達方法

	必要な資金	金額	調達の方法	金額
設備資金	●ソフトウェア開発費 ●什器備品 ●事務所保証金	1,500万円 200万円 100万円	自己資金 （資本金）	1,900万円
			知人等からの出資（資本金）	100万円
運転資金	●その他経費等運転資金	1,200万円	日本政策金融公庫からの借入れ	1,000万円
	合　計	3,000万円	合　計	3,000万円

④ SWOT分析

強み（S）	機会（O）
●上場企業の海外子会社の社長としての経験 ●戦略の立案、計数管理に強い ●国内の取引先を開拓するための、長年の勤務経験で培った幅広い人脈 ●海外勤務により得た海外における人脈により、優秀な人材が低廉な人件費で確保できる	●国内のエンジニアの人件費高騰 ●コンプライアンス重視が強まっており、適正な管理システムが必要とされている
弱み（W）	脅威（T）
●大手企業に比べ、資金・信用力および国内での人材確保の面で厳しい	●大手企業の参入 ●国際取引に関する契約および税務リスク

⑤ 利用した融資制度

◆当初は資本性ローンを検討

　当初は、資本性ローンによる融資制度を考えました。

　しかし、資本性ローンの制度は、しばらく返済が不要であるため、審査が非常に厳しい上、申請に時間がかかり、また、融資を受けた後においても、詳細な報告が必要など、手間がかかること、および利益を計上すると、利益額に応じて金利負担が重くなることなどから、結局、利用しないことになりました。

【資本性ローンの概要】

　特許権などの知的財産権を利用して事業を行うなど、技術・ノウハウなどに新規性がみられる事業を行う人が対象で、返済期間は「5年1か月からの期限一括返済」です。金利が業績に応じた設定となっており、資本性ローンによる借入金は金融検査上、自己資本とみなすことができるなどの特徴があります。

◆**女性、若者／シニア起業家支援資金および新創業融資を利用**

　実際に利用した制度は、創業者の年齢から要件に当てはまり、金利の優遇が受けられる「女性、シニア向けローン」に、無担保・無保証人にするための「新創業融資制度」を組み合わせて利用しました。

【女性・シニア向けローン】

　融資対象は、女性または35歳未満か55歳以上であって、新たに事業を始める者、または事業開始後おおむね7年以内である者です。返済期間は設備資金が20年以内、運転資金は7年以内です。金利の優遇が受けられます。

【新創業融資制度】

　新企業育成貸付（新規開業資金、女性、若者／シニア起業家支援資金など）を受ける際に、開業後2期以内で、新創業融資制度についての一定の要件を満たした場合に、無担保・無保証人による融資とすることができる制度。

6　資金調達の成功の要因（今後の事業展開における強み）

　今回は、創業融資としては金額が1,000万円と少なくはありませんが、融資の審査は、スムーズに進みました。その要因は、創業者の持っている以下の強みについて、評価されたことだと考えられます。

　これらの強みは、今後の事業成功のための根拠づけともなるものです。

◆**上場企業の海外子会社の社長としての経験**

　融資をする側とすれば、新事業自体の将来性を客観的に判断するのは難しいため、創業者の過去の実績や人柄を重視する傾向にならざるをえないと思われます。その点、創業者は長年、上場企業の海外子会社の社長として勤務してこられ、融資する側としても以前の社会的地位、経験を創業者の強みとして評価し、計画の実現可能性が高いと判断したと考えられます。

◆経営者としての経験上、戦略や数字に強い。事業計画も自ら作成

今回の融資の際に提出した事業計画は、数値計画も含め、すべて創業者が自ら作成しています。事業を拡大していく上では、経営者が計数管理に精通している方が良く、面談の際の説明でも、経験に基づく、説得力のある説明をしておられました。この経営戦略や計数管理に精通している能力が、強みとして評価されたと思われます。

◆製品開発のための人材が確保できている

海外での勤務経験を生かし、現地との強力なコネクションをもとに、日本国内に比べ、低廉な労働力で生産ができ、価格競争力のある製品の製造ができることは大きな強みです。通常の海外進出と違い、創業者自身が海外で長年生活しており、海外特有のリスクについても理解していることが大きいと思います。

◆顧客ターゲットとなる、国内大手企業とのコネクション

会社社長としての経験から、国内の大手企業の上層部との人的つながりがあるという強みがあり、顧客として十分に期待できる要素があるところも、新事業の売上計画の実現可能性についての良い評価につながったのだと考えられます。

7 今後の課題

◆海外の人材のコントロール

今回の事業のポイントの一つに、海外の優秀なSEを日本より低廉な賃金で雇えることにより、価格競争において有利に立てると思われることがあります。そのためには、海外にいるスタッフの業務を、海外にいる知人等の人脈を利用して、いかにして管理するかということが課題として挙げられます。

今後、海外子会社の設立を含めて、海外の人材をコントロールし、製品やサービスを安定供給する手段を検討しており、1、2年後をめどに安定稼働に入ることを目指しています。

II 経験十分な分野での創業 ～創作料理○○

1 創業の概要

◆経験十分の分野で、資金をかけて創業

　既存店の料理長としての実績を持ち、開業資金も十分にかけて飲食店を開業した事例です。新鮮な素材を重視した、客単価の高い和食店で、開業資金は2,500万円ほどかかりましたが、独立前から店主に顧客がついており、開業当初から高い売上高および利益額を維持し、現在でも順調に営業を続けています。

　店主（創業者）はもともと九州地方の出身で、都内にある郷土料理を中心とした和食店で料理長を務めていましたが、かねてより考えていた創作料理を提供するお店をつくりたいとの思いから、顧客の支援も受けて、会社を設立し、開業しました。

　店主が料理全般を、店主の奥様である女将が接客や従業員管理などのマネジメント業務を主に担っています。

2 会社概要

① 組織：株式会社

② 資本金：500万円

③ 会社設立時の株主構成：創業者　　　　　　　　　　60％

　　　　　　　　　　　　　創業者の知人（支援者）　40％

◆支援者がいる場合でも、創業者の持分50％超は確保する

　開業前に相談を受けたときにお聞きした計画では、創業者の会社における持分割合の予定が50％に満たなかったため、他の出資者である支援者の方にお願いして、創業者の持分が50％超となるように調整していただきました。

　支援者は、融資をしてくれたばかりでなく、金融機関からの借入れや、店舗を借りる際の保証人にもなってくれ、支援の内容から考えると、支

援者が議決権の50％超を確保したいのも当然かもしれません。ただし、この店舗はあくまでも社長である創業者の事業であり、最終的に全責任を負うのは創業者です。その創業者の議決権が5割を下回り、自分で会社のことを決められないようでは、経営者としての自覚の問題も含めて、好ましくないと考えました。

　創業者と支援者の間には強い信頼関係があったため、支援者の方も快諾してくださり、会社設立当初から、創業者が議決権の60％を持つことができました。現在では、支援者への返済もすべて終了し、株式も買い取って、創業者が議決権の100％を持つ会社となっています。

　④　役員
　設立当初は、創業者と支援者の2名が取締役で、現在では、創業者とその奥様の2名が取締役となっています

3 店舗の概要

　①　場所：東京都渋谷区
　　　　　駅徒歩3分の場所にあるビルの5階
　②　店舗面積：約25坪（増床し、現在では約33坪）
　③　家賃：60万円（現在では約85万円）
　　　保証金：600万円（現在では約800万円）
　④　開業時内装設備費：約1,500万円
　⑤　席数：40席
　⑥　当初の想定客単価：1万円
　⑦　従業員数：厨房　3名
　　　　　　　　ホール3名

4 メニューおよびサービス

◆全国各地の生産者とのつながりが強み。素材本来の味を重視

　店主が長年、調理長として築いてきた全国各地の生産者に対する人脈から、各地の鮮度および品質の高い食材を直送により仕入れることがで

き、これらの食材を用い、素材が本来持つ味を重視したメニューを提供します。器にも徹底してこだわり、盛り付けも素材を贅沢に使って、豪快かつ美しく、見た目にも楽しめます。

　お酒もさまざま取り揃えており、特に凍らせた竹筒に入れて出される冷酒は、希少価値のあるものが多く、絶品です。

◆女将のきめ細やかな心のこもったサービス

　店の女将は店主の奥様ですが、実家が料理屋で、経営者に近い立場で接客をしてきた豊富な経験が強みで、料理やお酒の説明など、その行き届いた接客サービスが強みです。

　店主は、カウンター内で調理を指揮していますが、カウンターに座ったお客様には、料理について丁寧に説明してくれます。

5 開業資金とその調達方法

◆支援者および地元の信用金庫の協力により調達

　開業時の設備投資は、内装および保証金を合わせると2,000万円を超え、運転資金を合わせると開業資金は2,500万円ほどになり、大きな出費となりました。開業資金の調達方法は、自己資金、支援者からの借入れ、残りは口座を設けていた店舗のある地元の信用金庫から、支援者に保証人となっていただき融資を受け賄いました。

　開業後においても、改装や新店舗開店の際に信用保証協会の信用保証を受けて融資を受けましたが、その際にも窓口となった信用金庫が丁寧に相談に乗ってくれ、中小企業にとってはその存在は大きいと思います。

	必要な資金	金額	調達の方法	金額
設備資金	●店舗内装工事、厨房機器、什器備品	1,500万円	自己資金	300万円
			知人等からの出資	200万円
	●店舗保証金	600万円	知人等からの借入れ	1,000万円
運転資金	●仕入資金、その他経費等運転資金	400万円	信用金庫からの借入れ	1,000万円
	合　計	2,500万円	合　計	2,500万円

◆**高い売上高を開業当初から維持**

　開業初年度から、1か月の売上高は約800万円ほどもあり、毎日ほぼ予約で満席の状態でしたが、途中店舗を拡張したことにより、売上高は月間約1,000万円を超えるようになりました。

　令和2年度には、新型コロナウイルスの感染拡大による営業時間短縮や休業の影響により一時的に減収減益となりましたが、現在はほぼ元の状態に戻り、1,000万円前後の高い売上高を維持しています。

7　SWOT分析

強み（S）	機会（O）
● ただただおいしいものを提供したいという店主の純粋な気持ち ● 各地の生鮮食材の仕入先との人脈 ● 長年の料理長としての経験からくる調理技術 ● 女将の経験からくる洗練された接客技術 ● 貴重なお酒を入手できる人脈 ● 店主の長年にわたる顧客（ファン）の存在 ● 店主夫妻の素朴な人柄から、協力者が多い ● 女将が経営について勉強熱心で、人材や経営に関するマネジメント能力がある	● 健康ブームの高まり（鮮度の良い無添加の素材を使用） ● 消費の二極分化（良いものには、高くてもお金を払う傾向あり）
弱み（W）	脅威（T）
● 大手企業に比べ、資金力で劣る ● 店舗を任せられる人材が不足している	● 個人消費の低迷 ● 競合店の低価格化 ● 人材の確保難、および人件費の高騰 ● 仕入価格の高騰

8　成功の要因

　現在においても順調に推移している原因にはさまざまなものがあると思います。一言でいうのは難しいですが、「店主が持つ食材へのこだわりとそれを支える経験と人脈」、「ただただおいしいものを提供したいという店主の純粋さ」、「女将の経験に基づく洗練かつ温かい接客技術」等の店主夫妻の持つ強みが発揮され、維持されているからこそ、「個人消費の低迷」のなか、「低価格の競合店」という外部環境の脅威に対抗することができ、客単価が高いのにもかかわらず、顧客が何度も足を運びたくなるようなお店を継続できているのだと思います。

◆食材への徹底したこだわりとそれを支える人脈

　食材は、店主が吟味した全国各地の仕入先から、鮮度の高い厳選されたものを直送で仕入れることができるのが強みです。店主の料理人としての長年の経験と人脈という強みがあるからこそできることだと思います。

　また、なぜ美味しいのか、というその「こだわりのお話」を聞きながらカウンターで食事をすると、よりおいしくなると評判です。

◆店主の食に対する純粋さが魅力

　お店の雰囲気は店主が作ります。店主は常々、「おいしい食事を出す以外は何も知らない」というほど、食に対する純粋な思いを持っています。その姿に思いが溢れていて、「店主自身が店の看板」となっています。お金の管理や、会社経営にはあまり興味がなく、とにかく「食」だけを追求しているからこその魅力と思われ、創業支援を行う者としては、創業者がその魅力を失わず本業に専念できるよう、ご協力できればと思います。

◆接客およびマネジメント能力の高いおかみさんの存在

　女将は店主の奥様ですが、ご実家の小料理店で、店主に近い存在であったため、洗練されかつ温かい接客技術を持ち、店主とともに「店の看

板」となっています。また、スタッフ教育や財務管理などのマネジメント能力の高さがあり、その存在により店主が食の部分に専念できることが、店としての大きな強みとなっていると考えられます。

9 今後の課題

◆やはり店主夫妻あってのお店。店舗展開より充実した1店

ここ数年中央区にカウンターのみのお店を新たに出店していましたが、人材確保の難しい昨今の状況のなか、店主夫妻が新店にいて本店を空けることが多かったとき、原価管理や営業が甘くなり、特に直近の年度において業績に若干の影響が出ました。

新店を閉鎖し、夫妻が本店に戻った途端、特に直近の年度において業績が回復したことからも、夫妻あってのお店であることがわかります。

今後収益を伸ばすためには、店舗を任せられる人材の育成がカギではありますが、無理をせず、多店舗展開よりも、より充実した1店舗を目指していくべきではないかとも思われます。

III 未経験分野での創業 〜和食店❖❖❖

1 創業の概要

◆未経験の分野で、少額の資金で開業

　店主が飲食店の経験がなく、まったくの新分野での開業で、少ない資金で手探りで開業した事例です。資金も潤沢でなかったため、家賃10万円で借りた店舗を店主夫妻が自ら改装し、装飾品である絵も自作して、コスト削減を徹底して、開業資金も運転資金込で約85万円で済ませました。創業当初は客数も少なく、売上もほとんどありませんでしたが、料理を工夫したことと、店主夫妻の人柄から客が客を呼ぶようになり、売上高も順調に伸びてきました。

　創業者は、長年、飲食業とはまったく無縁の仕事をしており、飲食店開業前の約10年間は、自身が創業した会社の代表取締役を務めていましたが、その会社の業務をやめ、少しの準備期間の後、東京都某所に店舗を借りて、営業を開始しました。

　創業者夫妻が2人で営む和食を中心とした飲食店です。

2 店舗の概要

① 場所：東京都某所

　　　　駅より徒歩15分、一軒家の一階

② 店舗面積：約5坪

③ 店舗家賃：10万円

　保証金：なし

④ 席数：5卓、14席

⑤ 開業当初の想定客単価：6,000円

⑥ スタッフ数：店主夫妻の他、アルバイト2名

③ メニューおよびサービス

◆料理とお酒が主体。自信のある一品あり

　飲食店の成功には、人気メニューの存在は欠かせません。このお店の場合には、店主の奥様の実家に伝わる料理があり、その自信のある一品を再現し、メニューを組み立てました。

◆店主夫妻の心のこもったサービス。落ち着いた雰囲気へのこだわり

　店主夫妻は、とても穏やかな方で、その誠実なお人柄が接客にも出ています。また、落ち着いた空間づくりのため、他のお客様へ迷惑をかけるようなお客の次回からの入店を断るなど、その安心して落ち着いて食事ができるための雰囲気作りには徹底してこだわっています。

④ 開業資金とその調達方法

◆開業資金はわずか85万円、異例中の異例。創意工夫の賜物

　開業資金は総額約85万円ですべて自己資金です。私が見てきた多くの開業の中で、間違いなく最少の資金による開業です。

　しかも、店舗を見ても、そのような少ない資金で開業したとはとても思えない良い雰囲気の店舗で、まさに創意工夫の賜物です。

　開業時点で、徹底してコストを抑えることができたからこそ、創業期の売上が低い時期を乗り越えられたのだと思います。

	必要な資金	金額	調達の方法	金額
設備資金	●店舗内装工事 ●厨房機器 ●什器備品 ●店舗保証金	65万円	自己資金	85万円
			知人等からの借入れ	－
運転資金	●仕入資金 ●その他経費等運転資金	20万円	日本政策金融公庫等からの借入れ	－
	合　計	85万円	合　計	85万円

⑤　売上の状況

◆売上高は開業当初の約5倍に

　開業初年度は、1か月の売上高は約80万円ほどでしたが、開業5年目には月商400万円を超え、約5倍増となりました。

　その間、融資も受けておらず、開業資金が85万円ほどであったことを考えると、驚異的です。

　なお、この店舗も令和2年度に発生した新型コロナウイルスの感染拡大による営業時間短縮や休業の影響により一時的に減収減益となりましたが、現在ではほぼ感染拡大以前の水準に回復しています。

⑥　SWOT分析

強み（S）	機会（O）
●店主夫妻の人柄 ●店主が日曜大工の技術を持つ ●奥様が料理が得意、特に実家秘伝の一品は絶品（自信のある一品の存在） ●奥様の絵画は本格的	●消費者の健康志向 ●店舗の周辺には高所得者層が多いと見込まれる
弱み（W）	脅威（T）
●飲食店の経験がない ●事業資金が少ない ●店舗物件が古い上に狭く、また、路地裏にあり目立たない ●駅からも遠い	●個人消費の落ち込み ●飲食店の競争激化（価格競争による低価格化）

⑦　成功の要因

◆創意工夫の賜物。目立たない立地も功を奏す

　成功の要因はさまざまあり、一言でいうのは難しいですが、「人柄」、「自信のある一品」、「絵画が上手」、「内装のセンスが良い」という強みで、「経験および資金不足」という弱みを克服し、良い雰囲気の店舗を作り上げることができたことだと思います。

また、一見すると弱みである「目立たない立地」も、地域に住む高所得者やその紹介で来る社会的地位の高い顧客にとっては、目立たないが故に安心して通える立地となり、想定する客層と立地条件がマッチしたこともその要因だと思います。

◆滲み出る人柄がお客様に安心感を与える

　サービス業、特に単価の高いお店において最も大切なことは接客応対ですが、いくら丁寧な言葉を使っても、慇懃無礼という言葉があるように、もともとの性格は接客に現れます。

　ここでは漠然としか書くことはできませんが、店主夫妻と飲食店開業前から長年にわたりお仕事をさせていただいていて、人柄の素晴らしさを感じることがたくさんありました。店主夫妻の人柄の良さは当然、接客に現れます。

　社会的地位の高い顧客は、安心して行ける店を探しています。

　店主夫妻の人柄が作り出す、安心できる落ち着いた空間という強みが、所得の高い住民が多いと思われる地域特性と相まって、一度来たお客様が、リピーターとして何度も足を運ぶようになりました。そしてそのお客様が、同様の社会的地位のあるお客様を呼んで、優良な顧客の数が増えていったのだと考えられます。

◆自信のある一品

　ご夫妻とも飲食業の経験はありませんでしたが、奥様の実家に伝わる絶品の一品料理があり、かねてから、お店で出したいと思っていたそうです。

　この自信のある一品料理がお客様の評判となりました。

　また、この一品料理だけでなく、さまざまな料理が好きで、常々研究していたことも、今回の創業につながりました。

◆創意工夫で内装を手作り。コストを徹底して抑える

　奥様の絵画は趣味の域を超えており、その強みを生かして、店のため

に何枚も描きました。店の内装はその絵を中心としたシックなもので、壁や床は、店主が自ら塗装し、手作りで仕上げました。

　もともと古い店舗のガレージだったとは考えられない、落ち着いた内装で、とても店主が手作りで仕上げたとは思えませんでした。

　こうして、開業コストを徹底的に抑えたことで、創業時の売上が少ない時期を乗り切ることができ、かつ良い雰囲気のお店ができたことも成功の大きな一因だと思います。

❽　現在の状況

◆店舗を移転したが、好調を維持

　開業当初からの店舗が、建替えのために移転を余儀なくされ、東京都内某駅から徒歩10分ほどにある店舗に移転しました。

　店舗は以前より広くなりましたが、移転後も予約がなかなか取れない状況が続き、業績は好調を維持しています。

　移転により、以前の店舗の近場の顧客が離れるかと心配しましたが、店主夫妻に顧客がついており、また、顧客の層が、送迎車やタクシーで移動する人が多く、場所の移動による影響はほとんどなかったものと思われます。

　店舗の移転に費用はかかりましたが、回収も順調に進んでいます。

❾　今後の課題

◆収益の向上

　店主夫妻が行う一店舗では、収益の増加についても限界があります。収益において、さらなる発展を目指すためには、人を雇い、店舗を増やしていくしかありません。

　ただし、店舗を増やしていくには、任せられる人が必要ですが、創業者夫妻の代わりになる人材を確保するのは、困難です。

　現在の客層も、店主夫妻のいない店に行くかどうかは難しいところで、現在の店舗とは違うビジネスモデルを開発しなければ、店舗展開は難しいと思われます。

もっとも、店主も店舗を増やしていくつもりはなく、今の店舗あるいはもう少し広い店舗に移り、付加価値の高いメニューを提供し、この一店舗をより充実させていきたいと考えているようです。

IV 会社勤務で得たノウハウを生かした創業 〜㈱○○○

❶ 事業の概要

◆勤務時代に培ったノウハウを生かし新製品を開発

この事例は、大手医療機器メーカーの勤務時代に培ったデータ解析のノウハウを基に新製品およびサービスの提供を行うために株式会社を設立し、創業した事例です。

この事業についても、秘密保持の観点から、詳しいことは記載できませんが、業種はヘルスケア関連事業です。

勤務時代に長年培ったヘルスケアに関するデータ解析についてのノウハウや知識、経験を活かし、医療関係者や技術者などの協力の基に、個人の健康に関するデータを解析し、個々の健康状態に適した製品とサービスを提供します。

開業当初は、需要の予測が難しいため、資金調達は融資に頼らず、受注生産を基本とした資金繰り計画を立てました。しかしながら小規模な受注生産のままでは限界があるため、信用金庫から融資を受け、今後の成長のための事業展開を検討しています。

❷ 会社概要

事業所所在地：東京都目黒区

資本金：50万円

株主構成：創業者　100%

役員：取締役1名

（取締役会、監査役非設置会社）

③　創業の動機

　複雑な現代社会においては、本人も気が付かない潜在的ストレスから
くる心と体の不調に悩まされている人々も多いと考えられます。

　そこで、前職における身体に関するデータ解析のノウハウを生かした
製品やサービスを提供することで、これらの悩みを改善し、優しく思い
やりのある行動を醸成することを通して、幸せな家族やコミュニティ作
りに貢献したいと思ったことが創業の動機です。

④　企業理念および事業コンセプト

　創業の動機を基に、企業理念は「人々の潜在的ストレスを軽減し、幸
せなコミュニティ創造に貢献する」、事業コンセプトは「○○と○○で身
体を調和する」としました。

⑤　開業資金とその調達方法

◆自己資金および信用金庫の創業融資制度を利用

　需要予測の困難性から、リスクのない自己資金で賄うことを基本とし
つつ、将来の事業展開のための資金として、創業融資制度を利用して信
用金庫から融資を受けました。

	必要な資金	金額	調達の方法	金額
設備資金	●器具備品	50万円	信用金庫からの借入れ	300万円
運転資金	●仕入資金 ●その他経費等運転資金	200万円 100万円	自己資金 （資本金）	50万円
	合　計	350万円	合　計	350万円

6 SWOT分析

強み（S）	機会（O）
●企業勤務時代に培ったデータ解析のノウハウ ●医療関係者など協力者の存在 ●競合のない独自の製品	●健康志向の高まり ●ストレス社会の到来 ●データ解析機器の性能の向上
弱み（W）	脅威（T）
●資金力、人材の不足 ●新製品を周知する際の、信用力の不足	●大手企業の参入等による類似製品の開発 ●個人消費の低迷

7 事業計画

事業計画のうち、中期損益計画は以下の通りです。

（単位：千円）

	第1期	第2期	第3期	第4期	第5期
役務収益	5,500	6,000	7,200	8,400	9,600
製品売上高	13,000	18,000	24,000	27,000	30,000
売上高	18,500	24,000	31,200	35,400	39,600
売上原価　*1	5,200	7,200	9,600	10,800	12,000
売上総利益	13,300	16,800	21,600	24,600	27,600
人件費　*2	6,120	7,440	9,720	11,070	12,420
一般管理費 *3	6,184	8,000	9,720	11,070	12,420
販管費計	12,304	15,440	19,440	22,140	24,840
営業利益　*4	996	1,360	2,160	2,460	2,760
営業外収益	－	－	－	－	－
営業外費用	35	60	120	150	180
経常利益	961	1,300	2,040	2,310	2,580
特別損益	－	－	－	－	－
税引前当期純利益	961	1,300	2,040	2,310	2,580
法人税等 *5	288	390	612	693	774
当期純利益	673	910	1,428	1,617	1,806

＊1：製品売上高の45％
＊2：売上総利益の45％（3期目以降、目標値として設定）
＊3：売上総利益の45％（3期目以降、目標値として設定）
＊4：売上総利益の10％（3期目以降、目標値として設定）
＊5：税引前当期純利益の30％

8　今後の課題

◆成長軌道に乗せる。創業者の時間の確保がカギ

　製品は、独自性および将来性を有していますが、顧客への周知宣伝や新製品開発など、成長のために行うべきことはたくさんあります。

　しかし、現時点では従業員がいないため、開発、営業、経理などをすべて創業者自身が行っています。固定費は抑えられますが、せっかく成長のためのアイディアがあっても、肝心なことに創業者の時間を振り向けられません。

　そこで、パートや外注をうまく活用して、創業者が企業成長のための新製品開発などに集中できる体制を作ることも、今後の成長のためのカギとなってくると考えられます。

V 法人成りにより株式会社を設立
～㈱△△△

1 会社概要

事務所所在地：東京都

資本金：300万円

株主構成：創業者　100％

役員：取締役1名

　（取締役会、監査役非設置会社）

2 法人成りの経緯

◆売上高の増加に伴い決断。税務および社会保険でのメリット享受が主目的

　当初は雑誌等の編集を行う個人事業として開業しましたが、売上高が1千万円を超えたのを機に法人成りを決断しました。

　法人成りにより、当時は消費税の免税期間（※）があり、また、役員報酬の計上のほか、計上できる経費の幅が広がることなどにより税務上のメリットもありました。また、社会保険に加入できることも将来的にはメリットであると考えました（P211参照）。

※令和5年10月1日からインボイス制度が開始されたことにより、インボイス登録事業者については免税期間がなくなりました。もっとも、経過措置期間は2割特例により税負担が軽減されています。

◆金融機関および取引先からの信用も向上

　法人は個人事業に比べ、経理上、創業者個人と法人のお金の動きをより明確に分けなければなりません。それにより、金融機関および取引先からの信用状況も良くなり、また、経営管理の精度向上にもつながりました。

③　組織の決定

◆一般によく知られた株式会社を選択

　当初は、設立コストの低い合同会社も検討しましたが、コストの違い
は限定的であることから、一般的な知名度を考え、合同会社ではなく株
式会社を選択しました（P134参照）。

④　定款の作成

◆シンプルな機関設計により管理コストを削減

　法人成りにより管理の手間ばかりが増えてしまっては、意味がありま
せん。

　そこで管理業務については個人事業時代とあまり変わらないよう、最
もシンプルな形態を選択し、役員は取締役1名のみで任期は最長の10年
としました（P160参照）。

⑤　開業資金とその調達方法

	必要な資金	金額	調達の方法	金額
設備資金	●器具備品 ●車両 ※個人事業の償却後の簿価残で引継ぎ	10万円 100万円	代表者借入	110万円 ※左記、設備引継分
運転資金	●経費等運転資金	100万円	自己資金 （資本金）	100万円
	合　計	210万円	合　計	210万円

⑥　経理処理と税務申告

◆売上および経費は法人設立日で分ける

　通常の会社設立の場合には、法人設立前の収益費用も法人の収益費用
として計上することがありますが、法人成りの場合には、原則として法
人設立の日を境に分けることとなります。

◆設立初年度は、事業所得と給与所得を合算して確定申告を行う

年の途中で会社を設立したため、設立初年度については1月1日から設立日の前日までは個人事業としての事業所得の計算を行います。その上で、設立日以降に計上した役員報酬による給与所得と合算して、翌年3月15日までに所得税の確定申告を行うこととなります。

翌年からは、給与以外の収入や医療費や寄付金などの控除がなければ、個人についての申告は会社の年末調整のみで完了します。

7 今後の課題

◆現状維持か拡大か

個人事業からの法人成りのため、基本的には一人で事業を行い、現状の売上を維持しながら、税務や社会保険のメリットを享受するという当初の目的は達成できました。

ただし、社員として勤務しているのと違い事業が永続する保証はなく、現状を維持できるとは限りません。

今後、会社を作ったことにより、個人事業に比べ資金調達の手段も増えると考えられることから、従業員を採用し、事業を少しずつ大きくすることも選択肢の一つとなります。

法人成りをきっかけに、収入の幅を広げる検討をするのも良いかもしれません。

Ⅶ 事業譲受により株式会社を創業 〜㈱♯♯♯

1 事業の概要

◆既存の事業を買収し創業

　既存のリラクゼーションサロンを、新規に設立した法人が事業譲受により引き継ぐことにより創業した事例です。

2 会社概要

　事業所所在地：東京都

　資本金：100万円

　株主構成：創業者　100％

　役員：取締役1名

　　　　（取締役会、監査役非設置会社）

　従業員：10名

3 開業資金とその調達方法

	必要な資金	金額	調達の方法	金額
設備資金	●設備備品 ●営業権	600万円 3,500万円	●関係会社からの借入れ ●代表者借入れ	4,000万円 400万円
運転資金	●経費等運転資金	400万円	自己資金 （資本金）	100万円
	合　計	4,500万円	合　計	4,500万円

4 事業譲受の経緯

◆事業の新規展開の思惑と一致。株式譲渡ではなく事業譲渡を実施

　創業者は、長年会社経営に従事してきましたが、事業の先行きを考え、既存事業とは別の柱を模索しているところに、事業譲渡の話があり、譲受を決断しました。

譲渡形態は、譲渡会社が行っている事業の一部の譲渡であるため、譲渡会社の株式の譲渡ではなく、会社分割か事業譲渡の手法を検討しました。その結果、譲渡対象の資産も多くはないことと、包括承継となる会社分割に比べ、財務状況の調査などの手間も少なくなることなどから、事業譲渡の手法を選択しました。

◆購入の判断のためのデューデリジェンスを実施

会計帳簿等を基に、過去の業績の分析による継続可能性の検証（事業デューデリジェンス）、現時点での資産負債の確認（財務デューデリジェンス）、許認可等（法務デューデリジェンス）について調査を行いました。

①事業デューデリジェンス

購入判断のポイントは、将来のキャッシュフローの予測です。その根拠となるのは過去の実績ですから、まずは、過去の収益性の分析を十分に行いました。その上で、今後の市場動向も加味し、過去の実績の継続可能性を検討しました。

②財務デューデリジェンス

資産負債を包括承継しないため、基本的に簿外債務等を引き継ぐことはありません。また、店舗の屋号を継続して使うものの、商号（会社名）の続用ではないため譲渡会社の債務を引き継ぐリスクも少ないと考えられます。したがって財務については、簡単な確認にとどめました。

③法務デューデリジェンス

許認可等、営業についての法律的な弊害がないことの確認を行いました。

5　営業権等の回収計算

◆回収期間の検討を行う

投資を行うか否かの判断を行うため、回収期間法（P41参照）により投資額の回収計算を行いました。

①見込み投資額　4,100万円（営業権3,500万円、設備備品600万円）

②見込み将来キャッシュフロー

ア．1か月：売上550万円 − 経費450万円（人件費200万円 + 販管費他[※]250万円）= 100万円

　　※　減価償却費を含む。

イ．1年：ア × 12か月 × 0.7（税引後に修正）+ 820万円（減価償却費4,100万円 ÷ 5年）= 1,660万円

③回収期間法による回収計算

4,100万円 ÷ 1,660万円 = 2.47年

④投資判断

　経営環境の移り変わりの激しい昨今では、回収期間は短ければ短いほど好ましいと言えます。

　上記の回収期間は2.47年であり、比較的短いこと、また、今回の投資の目的は利益獲得だけでなく、新規事業展開のためのノウハウの取得にもあることを考慮し、投資決定の判断に至りました。

◆回収計算の方法を覚えておく。設備投資意思決定などにも使う

　回収計算の方法は、もっとも単純な回収期間法から、将来キャッシュフローの現在価値総額を見積もる正味現在価値法（NPV法）などいくつかの方法があります（詳細はP41参照）。

　この計算は、創業や設備投資の際に、初期投資の回収期間等によって、投資を行うか否かの意思決定を行う際に有効です。

6　今後の課題

◆ノウハウの蓄積と店舗展開。新たなM＆Aの検討

　今回は既存店舗としての実績が十分あり、事業譲受後も売上高を維持しており、順調に回収が進んでいます。今後ノウハウを蓄積し、店舗数を増やすことも検討しています。

　また、今回行った事業譲受の経験を生かし、近年盛んになりつつあるM&Aによる事業承継も視野に入れて、将来的には、事業永続のための新たな事業を展開していくことも考えているようです。

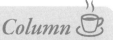
　それは、平成××年のこと、上場を目指していたソフトウェア開発会社の顧問をしていた時のことです。

　創業以来、会社の財務内容は常に債務超過で資金繰りは火の車でしたが、将来性のある製品があり、コンサルタントと呼ばれる人が寄ってきては、盛んに上場を勧めてきます。証券会社、監査法人等、いろいろな人が出入りするようになり、出資者も増え、お金の動きも大きくなっていきました。

　当時、内容に比べ顧問料が安すぎたので、倍増してくれと言いましたら、その代わり、50万円出資しろといいます。まあいいかと仕方なく引き受けましたが、予想通り、会社は傾き、周りに群がっていた人たちは一人また一人と去っていきます。

　挙句の果てに、社長をいつも称賛し取り巻いていた株主たちは、紙切れ同然になった株を社長に簿価で買い取れと迫ります。仕方なく社長は有り金をはたいて、簿価の半分ほどの価額でその株を買い取りました。

　しかしその半年後、信じられないことが起こります。その瀕死の会社は上場企業に買収され、なんと私の持っていた簿価50万円の紙切れ同然と思われた株は、300万円にもなりました。

　その結果、社長は破産寸前から、一気に何億もの資産家になりましたが、もし、当時、会社の法的整理を進めていたら、社長は個人破産することになっていたはずです。億万長者か破産者か。まさに「天と地の差」ですね。

　改めて、教科書通りにはいかない経営支援の難しさ、奥深さを感じた出来事でした。

　その数年後、生き方を通してたくさんのことを教えてくれたその社長は亡くなってしまいましたが、これが私の今までの人生で最初で最後の株取引となり、また、生涯心に残る創業支援となりました。

索　引

●著者プロフィール

森 隆夫 (もり・たかお)

公認会計士、税理士、中小企業診断士
森税務会計事務所 所長
新宿監査法人所属
日本公認会計士協会 研修企画出版専門委員
宮城県仙台市出身。高校卒業後上京し、すぐに飲食業に従事。
大学入学後、在学中に有限会社を設立し会員制の飲食店を経営。勤務時代を含め約10年間飲食店の経営に携わる。
その後、会計事務所勤務を経て、平成10年に会計事務所を開業し現在に至る。
会計事務所では、主に税務会計業務、創業支援、M&A、相続、事業承継支援などを行っている。
昭和56年 宮城県仙台第二高等学校 卒業
平成 3 年 成城大学法学部法律学科 卒業
平成 9 年 税理士 登録
平成10年 森税務会計事務所 開業
平成11年 中小企業診断士 登録
平成24年 公認会計士 登録

成功に導く！ 創業支援マニュアル（改訂版）
―事業計画・資金調達・各種手続きと事例

2019年 3 月20日 初版第 1 刷発行
2024年 3 月15日 改訂版第 1 刷発行

著 者 森 隆夫

発行者 延對寺 哲

発行所 株式会社 ビジネス教育出版社

〒102-0074 東京都千代田区九段南4-7-13
TEL 03(3221)5361(代表)／FAX 03(3222)7878
E-mail▶info@bks.co.jp URL▶https://www.bks.co.jp

印刷・製本／シナノ印刷㈱ 装丁・本文デザイン・DTP／タナカデザイン
落丁・乱丁はお取り替えします。

ISBN978-4-8283-1053-4 C2034

残る会社、消える会社は財務で決まる

壬生米秋（公認会計士・税理士）／著
A5判・192頁　定価：本体 2,000 円＋税
財務を切り口にした成功・失敗事例を豊富な実務経験を踏まえて紹介し、未来に向けて「思い」を具現化できる経営を推奨。財務を単なる資金管理ではなくマネジメントの一環として捉えた「キャッシュフロー経営」の究極の姿とは?!

中小企業の改善・再生・成長支援を担う 認定支援機関が日本を救う！
〜税理士、公認会計士、中小企業診断士、弁護士、金融機関など認定支援機関の役割とスキルとは

中村 中（経営コンサルタント・中小企業診断士）／著
A5判・188頁　定価：本体 2,000 円＋税
中小企業の助言者・相談役として地域の活性化に貢献する認定経営革新等支援機関のアドバイス・コンサル事例を多面的・具体的に紹介。

Q&A 一目でわかる！インボイス制度と電子帳簿保存法

コンパッソ税理士法人／編集
A5判・128頁　定価：本体 1,200 円＋税
登録の選択を迫られる個人事業主、取引先との対話が求められる企業は、どう対応すればよいのか。押さえておきたい要点を網羅。豊富な図表、イラストを交えて 2 色刷で簡潔に解説

金融機関・会計事務所のための SWOT分析徹底活用法
―事業性評価・経営改善計画への第一歩

中村 中・㈱マネジメントパートナーズ [MPS] ／共著
Ａ5判・208頁　定価：本体 2,200 円＋税
取引先の実態把握に最も現実的で、融資判断に極めて有用な経営分析手法 "SWOT" の活用法を実際の経営改善事例をベースに詳説－ Strength（強み）・Weakness（弱み）と Opportunity（機会）・Threat（脅威）の切り口から企業を分析する！